JN305829

銀座バイブル

—ナンバーワンホステスはどこに目をつけるのか—

向谷匡史

祥伝社黄金文庫

文庫本のためのまえがき

師走《しわす》の銀座七丁目――。背後から声をかけられ、振り向いて驚いた。

ファッション雑誌から抜け出したようなオシャレな女性――本書を執筆した二年半前、取材で一度だけ会ったヘルプの女の子が、大変身してそこに立っていたのである。

サラサラの髪の毛とスリムなスタイルはそのままに、垢抜《あか》けし、洗練され、笑顔一つにもオーラの輝きがある。聞けば、ママになったのだと言う。生き馬の目を抜く激戦の銀座で、また一人、夢を摑《つか》んだということか。

「店、繁盛してるかい？」

「繁盛させてくださいな」

ウィットに富んだ言葉に誘われ、彼女の店に寄った。

ホステス数人という小さな店だったが、すでに満席の賑《にぎ》わいで、接客術やホステスに対する指示など彼女の立ち居振る舞いを見ていると、ママとしての経営手腕がうかがえる。

「確かにギャラはずいぶんアップしたけど、それだけ責任も増して、気苦労が絶えないいんです」

店がハネたあとで彼女は笑って言ったが、かつて控えめに席についていたヘルプが、わずか二年半でここまで逞《たくま》しく成長したのだ。ヘルプを蕾《つぼみ》とするなら、ママは大輪の花を咲かせた菊やバラということになろうか。「ママの座」という〝銀座ドリーム〟を摑《つか》んだ女は、こんなにもいい女になるものなのか――それが、この夜の実感であった。男の遊び場として日本一のステータスを誇る銀座は、同時に女を磨く最高の場所でもあることを、改めて認識した次第である。

今回の文庫化にあたって、銀座ホステスたちの節税対策について、新たに取材、加筆した。美容代から衣装代、交際費、電話代……等々、確定申告する際に必要経費として何が認められ、何が認められないか。彼女たちの申告ノウハウを紹介した。

必死で稼いだお金を、いかに税金で取られないようにするか。接客術に加え、銀座ホステスの節税ノウハウを参考にしていただければ幸いである。

平成十七年　一月五日

向谷《むかいだに》匡史《ただし》

まえがき

夜の銀座は、成功者だけの街だ。

実業家、政治家、芸能人、文化人、スポーツ選手、一流企業のビジネスマンなど、それぞれの世界で成功した男たちが綺羅星《きらぼし》のごとく集まってくる。

だから銀座ホステスは、〝日本一〟というステータスを誇る。

有名人とのゴシップを週刊誌に書かれるときは、単なる「ホステス」ではなく、わざわざ「銀座ホステス」と形容される。

ここに彼女たちのプライドがある。ここに彼女たちの意地と張りがある。

だが、稼ぎとなると、ピンキリだ。

タレント顔負けの容姿でありながら、日給一万円のヘルプでしか通用しない女性もいれば、一見して保険の外交員と見間違うような五十路《いそじ》のおばちゃんが、ナンバーワンとして目がくらむような高給を稼いでいることもある。

あるいは、地方のクラブから一念発起《いちねんほっき》して銀座に飛び込み、数年後にオーナーとして店をオープンさせる立志伝《りっしでん》中のママもいれば、六本木でスカウトされたキャバクラ嬢が、半年後には月に一千万円を売り上げ、月額保証として三百万円を手にすることもある。氏《うじ》も、素性《すじょう》も、学歴も、年齢も、ときに容姿さえも関係なく、自分の細腕だけを頼りに努力と才覚だけでのし上がっていく実力の世界——これが「銀座ドリーム」なのだ。

では、ある種の〝夢〟を実現させた売れっ子と、生活のために昼も夜も働き続けて、芽が出ない女性とは、いったいどこに差があるのか。

そのノウハウをまとめたのが、本書である。

自動車会社のセールスマンは、クルマという商品を売る。パイロットは、操縦という技術を売る。農家は、野菜を栽培して売る。

だがホステスには売るべき商品も、専門的な技術もない。色香《いろか》という実体のないものをサービスという包装紙でくるみ、客に提供することで収入を得る。乱暴に言ってしまえば、お酌《しゃく》をしながら、客を楽しませる——これが仕事なのだ。

資格がいるわけではない。やろうと思えば誰でもできる。しかも、高給取り。ステータスもある。店での実働は、わずかに四時間。

オイシイと言えば、これほどラクに見えてオイシイ仕事もないだろう。

だが、それは、目に見える部分での話。オイシク見えるのは、海面に突き出ている氷山の一角のようなもので、水面下の見えない部分には、努力と忍耐が隠されている。売れっ子たちは優雅に泳ぐ白鳥に似て、水面下では、人知れず必死の〝水掻《みずか》き〟をしているのである。

「だから、おもしろい」

と、彼女たちは口をそろえる。

「努力次第で夢が叶《かな》う」

と、言い切る。

「銀座ホステスに誇りを持っている」

と、胸を張る。

本書には、彼女たちが、経験を通して培《つちか》ってきた接客ノウハウのすべてが詰まっている。接客術にとどまらず、顧客台帳のつけ方から管理まで、これまで明かされることのなかった「ホステスという職業の秘密」をすべて公開した。本書の『銀座バイブル』という表題は、そういう理由による。

銀座は、ただ美人だから、脚《あし》が素敵だから、賢いからといって成功するほど甘くはない。

言い換えれば、そうでなくても成功するということでもある。

恋愛、誠意、やさしさ、癒《いや》しといった仮装的な人間関係を、いかにして本物と錯覚《さっかく》させるか――。このマジックが、接客術と呼ばれるパフォーマンスであり、この技と心遣いをマスターしたホステスだけが、銀座ドリームを実現させることができるのである。

政治家、ヤクザ、ホスト……、一筋縄ではいかない人物を題材に執筆している仕事柄、数多くのネオン街、そしてたくさんのホステスと接してきた。

彼女たちは一様に言った。

「一度でいいから銀座で働いてみたい」

「プロの仕事をこの目で実感したい」

本書は全国の彼女たちへの提言の書とも言えるだろうか。

平成十四年　九月三日

向谷匡史

銀座バイブル ✱ 目次

第3章　「できる女」の顧客管理術

第4章　客を逃す女、摑《つか》む女

第5章 本当の上客を見抜くコツ

第6章 いまどきホステスの「おいしい生活」

✳ 本書に登場する
“ナンバーワン・ホステス御用達”の店

GINZA MAP

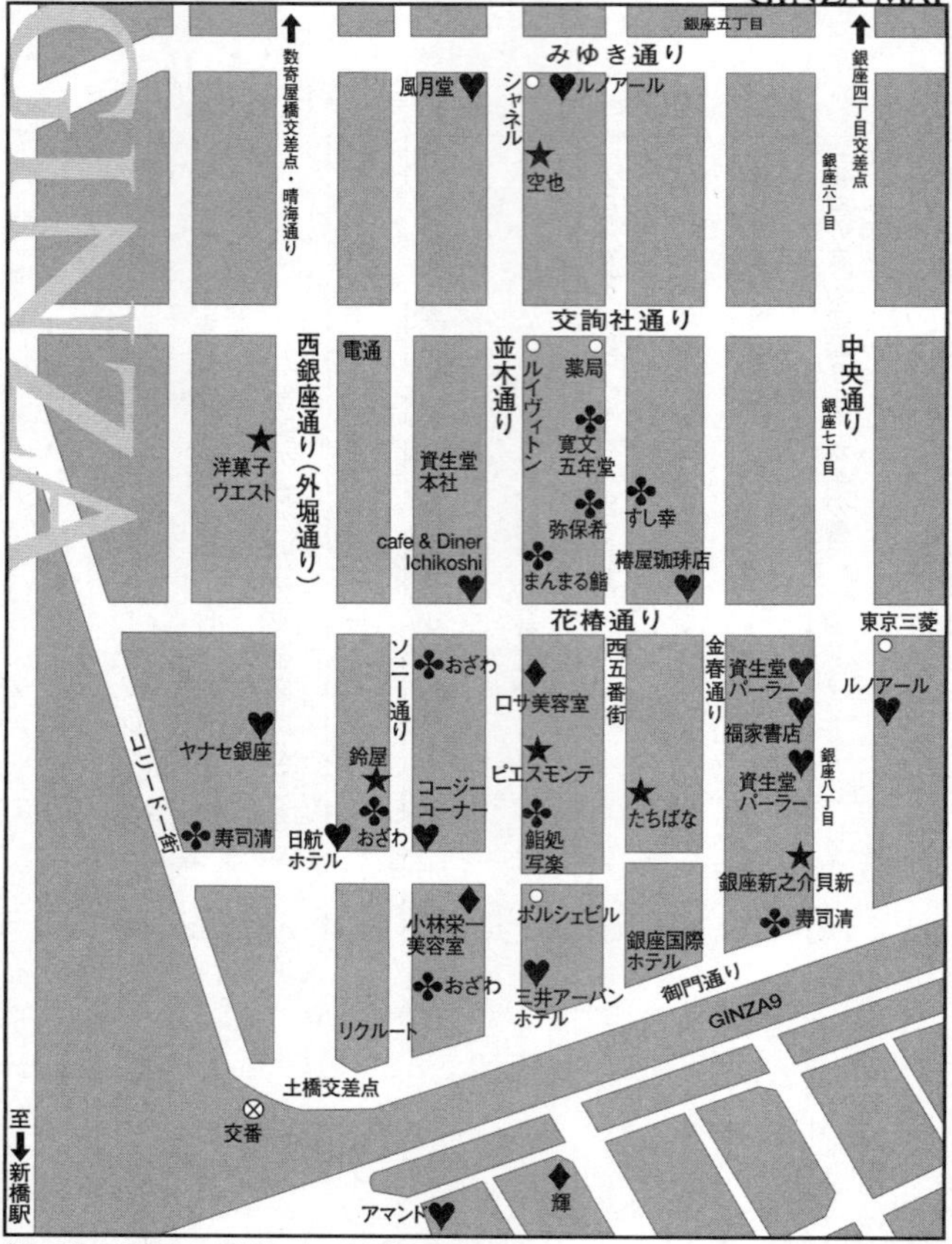

♥：同伴の待ち合わせ場所　★：手土産用の名品店
✤：同伴で人気の食事処　◆：よく利用する美容室

＊銀座7〜8丁目の並木通り
周辺に高級クラブが並ぶ

第1章
「ギンザ式」接客心理術

気配り上手のパフォーマンスとは

“銀座の女”は「並木通り」の店を目指す

銀座ブランドの頂点がここにある

「お店、何丁目?」

「五丁目だけど、あなたは?」

問い返されたホステスは、ひと呼吸おくと、少しばかり胸をそびやかせて、

「私は八丁目よ」

余裕の笑みの下で、(あんたは格下よ)。プライドが、チラリと覗《のぞ》く。

銀座とひと口に言っても、店が何丁目にあるかによって格が決まり、これが銀座ホステスにとってステータスを競う重要なファクターなのである。

銀座は、中央通りと晴海通りが交差する四丁目を中心として、京橋から新橋にかけての約一キロが八つの丁目に分けられ、七~八丁目の並木通り沿いが、土地としてトップランクとされる。さらにビルの名前が通っていたり、一階に有名ブティックが入っていれば申し分ない。

銀座は、店の中身だけでなく、場所がポイントなのである。

もちろん家賃も高く、坪二万円は下らない。内装済みのリース店舗《てんぽ》なら、坪四万円はする。料金も、座って一人四万円、ブランデーのボトルを入れれば三人で十五、六万円。料金も最高なら、売れっ子ホステスになると、月に三百万円を稼ぐ。しかも客筋は官公庁、政治家、大手企業、一流文化人とくれば、ホステスたちがこのエリアを目指すのは当然だろう。

また、客にしても、並木通りに馴染《なじ》みの店があるということがステータスなのだ。同じ接待に使うなら、いかにも「ザ・銀座」という賑わいを見せるこの通りの店がベストなのである。

銀座ママたちが夢を問われて口をそろえるのは、「七～八丁目の並木通りに店を出すこと」――銀座ドリームの頂点が、このエリアなのである。

努力次第で稼げる〝銀座ドリーム〟

店の保証だけで月収数百万円も

銀座ホステスには、固定給のヘルプと、指名で稼ぐ売上ホステスがいる。

ヘルプは、売上ノルマがないから、お気楽だ。中流の店で、日給保証が一万数千円程度。月に二十日出勤するとして、二十〜三十万円が黙って入る。これにチップが加わり、客の高価なプレゼントなどもたまにあるから、収入としては悪くないだろう。

これに対して売上ホステスは、売上ノルマを店と相談して決め、それに応じて保証（日給）が決まる。

条件は店によって多少異なるが、座って一人三万五千〜四万円という高級クラブで、一ヶ月の売上ノルマは百万円以上。一日五万円売り上げて、保証は三万円といったところが相場だ。ノルマ百万円を売り上げたとして、基本給が六十万円（出勤日数二十日）。売上の約三分の二がホステスの取り分と考えていいだろう。

条件は細かく決められていて、一般的に売上がノルマの百万円を超えれば、保証は二千円アップの三万二千円になり、反対にノルマが達成できなければ、売上十万円ダウンにつき、保証は四千円引かれて二万六千円になってしまう。

さらに売上に応じて、キックバックが加算される。売上は、通常、別表（二四～二五ページ）のようにNET《ネット》料金とチャージ料金の二つからなっており、ホステスにバックされるのはNET料金の売上で、十万円につき二千円が相場となっている。同伴ノルマはたいてい月四回となっているが、同伴できなければ、その日の日給は百パーセントカット。つまり日給〇円というのが一般的だ。

なお、このご時勢に、必ずしもチャージ料金を細かく設定している店ばかりではない。チャージ料金込みの一人あたり「座っていくら」のセット料金（一人二万五千～三万円が相場）を設定し、それにオーダーしたボトル代、その他のドリンク代やつまみ代、ホステスへの指名料を加算する店も多い。

また、料金体系は、客の人数が増えたからといって、単純に倍々にはならず、一流店に三人で飲みに行ってウイスキーのボトルを入れれば、だいたい十三～四万円。二人なら十～十一万円前後といったところだ。

だが、「お会計明細書」とは言いながら、明細のようで、実際はよくわからないのが銀

高価格のフルーツを自腹を切って客にサービスすることもある。

■T・C —— テーブル・チャージ。
高級店で客1人あたり5,000円。中級店で2,500〜3,000円が相場。

■A・C —— オール・チャージ。店のスタッフの維持費。
高級店で客1人あたり5,000円。中級店で2,500〜3,000円くらい。

■B・C —— ボーイ・チャージ。黒服のボーイの維持費。
高級店でテーブル1席あたり3,000円。中級店で1,500〜2,000円ほど。

■H・C —— ホステス・チャージ。いわゆる指名料。
3,000〜5,000円が相場で、ホステスにキックバックされるが、10%を店に収める。

■M・C ——ミュージック・チャージ。カラオケ代。
客1組につき1,500円くらい。

■S・C —— サービス・チャージ。
ボトル管理費、お絞り代、光熱費などの店の維持費。高級店だと、NET料金とT・CからM・Cまでの合計額の35〜40%、中級店で25〜35%。

■O・T/C —— オーバータイム・チャージ。
これも店によって異なるが、高級店で1時間を超えると、1テーブル、30分につき1,000〜2,000円をチャージするところも。

■お立替 —— 客に頼まれて、接待相手への手土産を事前に購入した場合などにつける。

■総合計 —— 数種類のチャージ料金が加算され、総額はNET料金の3倍くらいがかかる。上記のチャージ料で計算すると、1人で来店してボトルを入れない場合の「座っていくら」の料金は、高級店で36,000円くらい、中級店で22,000円くらい。

■御署名 —— 一般的に明細書は客にあまり見せないが、要求があれば提出する。署名欄にサインをしてもらう場合もある。

銀座のクラブの料金形態

超高級クラブ『X』のケース

御会計明細書

平成 14 年 6 月 5 日　時間 9:20〜11:35

テーブルNo 3　人数 2　係名 かおり

会社名 (株)丸友商事　佐藤 様

品名	数量	金額
オードブル	一	3,000
チャーム	一	1,500
スティック	一	1,000
B(シーバス)	1本	20,000
ミネラル	正	2,000
一品		
フルーツ	一	8,000
NET		35,500
御署名	T・C	10,000
	A・C	10,000
	B・C	3,000
	H・C	5,000
	M・C	1,500
	S・C	26,000
	小合計	91,000
	0.T/C	下 3,000
	TAX	4,700
	お立替	
領収証NO.	総合計	98,700

“御会計明細書”の読み方

■オードブル　——1テーブルにつき、高級店で2,000〜3,000円、中級店で1,500〜2,000円。

■チャーム —— ナッツやあられなどの乾き物のこと。
1テーブルにつき、高級店で1,500円くらい、中級店で1,000〜1,500円。

■スティック —— スティック状のチョコや野菜スティックなど。
1テーブルにつき1,000円くらい。

■B —— ボトル料金。
たとえば、「シーバス・リーガル」を入れると、高級店で1本2〜30,000円、中級店で15〜20,000円ほど。

■ミネラル —— ミネラルウォーター。
300〜500円をつける。

■一品 —— フルーツやビール、ウーロン茶などをこの欄につける。
ビールは1,000円くらい。フルーツは店によって、3,000〜30,000円までピンキリの値段。

■NET —— オードブルから一品までが、NET料金として、ホステスの売上になる。右ページのさまざまなチャージ料金はホステスの売上としては計上されない。そのため、売上契約のホステスは、売上を伸ばすために

座のクラブたるゆえんだろう。明細をチェックするような客は、端《はな》から銀座には来ないのである。

ともあれ、一流店のナンバーワン・ホステスになると、店の保証だけで月額二百〜三百万円も夢ではない。これを鼻先のニンジンと取るか、〝銀座ドリーム〟と取るかは意見の分かれるところだろうが、いずれにせよ、努力次第でいくらでも儲《もう》かるシステムになっていることは確かなのである。

かくして、「稼ぐ女」と「いらない女」とに分かれ、悲喜こもごもの人生ドラマが展開されることになる。

できる女は、客の値踏みから始める

さり気なく客の服装をチェック

師走、銀座七丁目、クラブ『M』――。夜九時。

ドアが開くと同時に、電話をもらって待機していた亜美さんが、素早く席を立って出迎える。

「いらっしゃい。お待ちしてました」

「亜美、今夜は素敵なお客さんを案内して来たぞ」

大手商社に勤めるN部長が、一杯機嫌《いっぱいきげん》で、連れの男性を振り返る。

五十がらみか。

初めての客だ。

「ようこそ」

笑みを返しながら、

「お外は寒かったでしょう。さっ、コート、お預かりしますわ」

連れの背後にまわって手を貸すと、亜美さんはコートの生地をさり気なく、スーッと撫《な》でる。

ビキューナだ（ビキューナ／南米、アンデス山脈の高地に生息する野生動物ビキューナの毛を繊維にした素材。繊維の宝石と呼ばれる）。

デパートで買えば、ン百万円はする。

（なるほど、か、な、り、なお客さんだわ）

亜美さんは笑顔の下で、一瞬にして客の値踏みをしたのである。

——上客をいかに選別するか。銀座ホステスの接客術は、ここから始まる。

野球で言えば、

「好球必打」

ストライクだけに狙《ねら》いを絞り、ボール球には手を出さない——これが一流打者になるための最低条件で、彼女たちもそれは同じ。〝ボール球〟を振ったのでは、三振か内野ゴロ。「銀座のイチロー選手」になろうとするなら、あるいは〝玉《たま》の輿《こし》〟を目指すならストライクだけに的を絞る選球眼が勝負なのである。

「よくお似合いですね」

胸元に軽く手を触れて、スーツの生地を確かめる。

「素敵なネクタイですね」

と、手を伸ばして、さり気なくブランドを確認する。

これを失礼な行為だと思って遠慮するのは、男心を知らない二流ホステス。男性は、さり気なく褒《ほ》められ、わざわざ手を伸ばして洋服やネクタイに触られると、

（オレに関心があるのかな？）

と、嬉しくなってくるものなのだ。

すなわち、男性のこの心の機微《きび》を知っているかどうかが、〝選球眼〟の善《よ》し悪《あ》しに関わってくるというわけである。

スーツやネクタイのほか、ワイシャツのネームを見て、仕立てか既製かを確認する。靴や時計のブランドを確かめる。一流ホステスは、やさしい笑みをたたえながら、素知らぬ顔でしっかりと値踏みをし、上客と見るや、果敢《かかん》に打って出るのである。

元キャバクラ嬢が、月給三百万円のナンバーワン

一流の店が、一流のホステスを創る

八丁目の高級クラブ『G』で、月の売上九百万円、月給三百万円という売れっ子がいる。

チイちゃんこと、千津絵ちゃんだ。

微笑《ほほえ》みと、細《こま》やかな心遣いは、どこから見ても深窓の御令嬢の雰囲気で、チイちゃんが新宿でキャバクラ嬢をやっていたと聞いても、おそらく誰も信じないだろう。スカウトされて銀座村の住人になり、わずか一年でナンバーワンにのし上がったシンデレラである。

チイちゃんをスカウトしたZ氏が言う。

「女のコは、勤めたお店によって、ガラリと変わるんです。銀座でも、三流店から一流店に移ると、三ヶ月で別人になります。店の格がそうさせるんですね。一流ホステスたちの洋服から髪型、お化粧、物腰、接客術などを見ているうちに、自然とおしゃれ術を身につける。一流の客を接客することで、会話は洗練されてくる。プライドが出てくる。キャバクラ嬢であっても、一流ホステスに育っていくんです」

ホステスをスカウトする場合、すでに一流として知られるホステスは、保証（日給）が高いので、引き抜くのに割高になる。プロ野球で言えば、スター選手を金銭トレードで獲得するようなものだ。

その点、三流ホステスは、保証が安い。ということは、三流をスカウトして一流に育てれば、店の人件費は負担が少なくてすむことになる。野球で言えば、無名の若手選手をテスト生で採用し、一軍選手に育てるのと同じなのである。

では、どんなコでも、一流店に入れば一流になれるか。

「なれます」

とZ氏は断言する。

「一流の女性たちと肩を並べて仕事をするんです。接客マナーなど、いろいろ厳しいこともありますが、落後さえしなければ、そのコが一流ホステスになるのは当然でしょう。一流になるための環境は与えられているんです。あとは、やる気の問題でしょう」

店の格――すなわち環境がホステスを育てるのである。

客のホメ言葉には裏がある

「キミって、物知りなんだね」はレッドカード

客は、ワガママだ。

お世辞を言うより、言われたがる。

感心するより、されたがる。

自慢されるより、したがる。

これが客の心理だ。

「そんなこと、わかってるわよ」

と、銀座ホステスなら百も承知だと言いたいところだろうが、これが意外とわかっていないのである。

たとえば、田中真紀子の議員辞職が話題になったとする。

「でも、真紀子は人気があるから、へっちゃらさ。〝禊《みそ》ぎ〟ということで、次の総選挙に出馬すればぶっちぎりのトップ当選で、自民党はメンツまる潰《つぶ》れだな」

客がしたり顔で言う。

ここは客をヨイショして、

「そうよね」

と、相槌《あいづち》を打てばいいものを、

「それが、そうでもないんですって。補選があるでしょう。自民党の有力候補が当選しちやうと、次の総選挙は真紀子さんもかなり苦戦するって……」

寝起きに観《み》たワイドショーの請《う》け売りをしてしまう。

悪気はないのだろうが、客はおもしろくない。

「フーン、そうなんだ」

と、相槌を打ってはくれるが、客は感心するより、されたがるのだ。

「でも、どうかな」

さり気なく応酬《おうしゅう》を始める。

「地元の人気は絶大だからね」

「ところが、それも違うんですって。いま地元で……」

と、これもテレビで観た評論家の請け売りをペラペラ。話題提供のつもりが、逆効果になっていることに気がつかない。

「キミって、物知りなんだね」

笑顔の下に、冷ややかな表情がチラリ、ということになる。

理屈でなく、男は小賢《こざか》しい女が嫌いなのだ。

「えッ、ホントですか」

と、驚いてくれる女が好きなのだ。

この男心を熟知するホステスなら、たとえ客が間違ったウンチクを語っても、それを〝正す〟などという愚かなことは、絶対にしない。

「へぇ、そうなんですか」

「知らなかった」

「それで、どうなるんですか？」

と、無知を装い、感心し、客を常に主役にしておけば、彼らは気持ちよく酔え、売上増、収入増につながっていくというわけである。

ただし、無知を装った聞き上手というのは、意外に難しいのだ。頭の回転が速くなくては無理で、本物のおバカさんには、できない芸当なのである。

できる女は自分を語らない

客にしゃべらせるのがプロ

「ねっ、ね、聞いて、聞いて」

席につくなり、舌足らずの早口で、「ねっ、ね」を連発するのは、銀座六丁目『Y』の純子ちゃんだ。元『モーニング娘。』の後藤真希にそっくりで、後藤が二十代になればこんな雰囲気になるのだろう。

「ねっ、ね、聞いて、聞いて。純子、日曜日にディズニーシーへ行ったの」

「彼氏とかい」

「違う、違う、そんなんじゃなくって、ギョウザ・ドッグの話だってば。すっごい行列だったけど、すっごくおいしいんだから」

ディズニーシーの話に始まって、映画に行った話、ゴルフに行った話、ショッピングに行った話などを、純子ちゃんは身振り手振りの早口で、次から次へと語っていく。上野のクラブでナンバーワンだったそうで、性格が明るく賑やかで、客のウケもよかった。

ところが、である。

ものの三月《みつき》もしないうちに突然、クビになってしまったのだ。

「お客さんが鬱陶《うっとう》しくなっちゃうんですね」

と、語るのは、純子ちゃんがいた『Y』のママ。

最初はおもしろがってくれるが、二度目でうんざり、三度目で鬱陶しくなって、四度目は、ない。客が店に来なくなってしまうからである。

「何度も注意したのよ。お客様に楽しんでいただくのがホステスの仕事なのに、自分の話ばっかりして、どうするのかって。でも、あの子ったら、お客様は、それで喜んでくれているんだって」

勘違いも甚《はなは》だしいんだから——と、ママは溜《た》め息《いき》をついた。

たぶん、銀座の客は紳士が多いから、

「ほう、それで?」

「なるほどねえ。そいつはすげえや」

といった社交辞令の相槌を、下町から飛び込んできた新人の純子ちゃんは、真《ま》に受けたのだろう。

だが、ホステスが自分の体験談を話題の中心にしてウケるのは、下町の店での話。超一流のホステスがひしめき、プロの接客術を競う銀座では、そんなヤワな、お気楽な手は通用しない。自分を語ることで客を楽しませようとするのがアマチュアなら、客に語らせることでなごませるのがプロなのである。

イヤな客の背後にいる上客を見逃すな

人が人を呼ぶ真に口《くち》コミの世界

大手広告代理店営業部のK課長が、ポスターの製作を依頼したデザイン事務所社長のY氏と打ち合わせを兼ねて銀座で飲んだ。

K課長が、馴染《なじ》みの店を二軒ほどまわったところで、

「次は私の知っている店に行きましょう」

と、Y社長が言い出した。

失礼ながら、小規模のデザイン事務所の社長が、よく銀座で飲めるものだとK課長は感心しつつ、彼に連れられて西五番街六丁目のクラブ『Q』に入った。

「いらっしゃいませ！」

と、どの店でも弾《はず》んだ声で客を迎えるはずなのに、

「らっしゃい……」

いやに湿った声が返ってきた。

ホステスは十名ほどいたが、よそよそしく、誰一人としてY社長に笑顔を見せなかった。客は自分たちしかいないのに、テーブルについたのは、ママと年増ホステスが一人。K課長好みの細身の可愛い子がいたが、彼女は知らん顔で、こっちを見向きもしなかった。

どこの店でも、新しい客を連れてくれば歓待するものだが、ママときたら名刺すら出そうともせず、もうひとつ、という顔で座っていた。

Y社長は嫌われていたのだ。

それでも自分を案内したのは、酔った勢いと、ミエからだろうとK課長は思い、彼が気の毒になったが、同時に、不愉快になってきた。Y社長と何があったのかは知らないが、

少なくとも同伴客の自分に対してとる態度ではない。銀座にもこんな店があるのかと思うと、猛烈に腹が立ってきた。

「Yさん、出よう」

K課長は返事も待たず、さっさと店を出ていったのである。

「あんなママでは、すぐ潰《つぶ》れますよ」

と、K課長がそのときを思い出しながら、

「Y社長とどういう経緯《いきさつ》があろうと、初めて来た私が店を気に入れば、お得意を一人つかまえたことになる。つまり、一人の背後には、潜在的《せんざいてき》な客がたくさんいるということが、わかっていないんですね。Y社長の場合、酒癖か、支払いか、おサワリ癖かで嫌われてしまったんでしょうが」

この話を別の店のナンバーワンにすると、

「私の場合は、連れのお客さんがいるときは、たとえ出禁（出入り禁止）の客でも、とりあえずその場は華《はな》を持たせます。だって、自分が歓待されないと知っていて連れてくるんですから、ワケありなんでしょう。立ててあげておけば、そのうち恩返しがあるかもしれませんから」

、、、恩返しは冗談《じょうだん》にしても、できるホステスに共通して言えることは、フトコロが広いということであり、

「人が人を呼んで上客になる」

という出会いの機微《きび》を熟知していることなのである。

美人がナンバーワンになれない理由

ヘルプを見下す態度が致命傷

ナンバーワンに美人はいない。

ネオン街でよく言われることだ。

では、その理由は何か。

「美人であることを鼻にかけて、接客の努力をしないから」

と答えるホステスは、他所《よそ》はとにかく銀座では永久に芽が出ないだろう。美人がナンバ

ーワンになれないのは、接客の努力よりもむしろ、格下で容姿の劣るヘルプを見下してしまうことに原因があるのだ。

見下されると、ヘルプも気分が悪いから、態度がよそよそしくなる。目もあちこちに飛ぶ。当然、テーブルは盛り上がりに欠け、客も何となく気詰まりで落ち着かない。これが毎度となると、客もおもしろくないから、自然に足が遠のいてしまう。

悪循環《デフレスパイラル》だ。

これでは、ナンバーワンを張るのは無理というものだろう。

見下すどころか、ヘルプにジェラシーを抱くおバカな美人ホステスもいる。

「○○ちゃんて、可愛いね」

と、自分の客がヘルプのコを褒《ほ》めようものなら、とたんに不機嫌になって、

「女って、見かけじゃ、わかんないものよ」

敵意まる出しの捨てゼリフ。

これでは客は、いたたまれない。

なぜなら、ヘルプを褒めるときの客の心理は、

（キミには、素敵なヘルプがついているんだね）

と、当のホステスを言外に褒めていることも多いからだ。その男心がわからず、彼女に対して敵意をまる出しにしたのでは、客は立つ瀬がない。かくして美人をウリにしているホステスは、自分で自分の客を逃がすことになるわけである。

反対に、容姿だけでは勝負できないことを悟《さと》っているホステスは、チームプレーに賭《か》ける。ヘルプのコをいかにうまく使うか、ここを勝負どころと考え、食事をご馳走《ちそう》したり、

「これ、もらい物で悪いけど、よかったら使って」

と、アクセサリーなどをプレゼントしたりして、普段からガッチリと味方につけておく。

すると、店で席についたときに、ヘルプたちとの呼吸もピッタリで、

「○○さんて最高にいい女性《ひと》」

なんて、心からヨイショしてくれることになる。

店がハネた後、彼女を食事やカラオケに誘ったりしてあげるのも上手な気配りだ。

「気遣い」の差はここにでる

客との〝心理的な間合い〟を読む

遊び馴《な》れた男性は、息抜きに一流ホテルのバーを利用する。

カウンターに腰を下ろし、心地よいＢＧＭに耳朶《じだ》を預けながら、よく冷えたドライマティーニを一人楽しむのは、煩《わずら》わしい人間関係から解放される至福のひと時でもある。

だが、この至福の空間を演出しているのは、落ち着いた照明でもなければ、ＢＧＭでもない。

バーテンの接客態度なのだ。

一人で静かに飲みたいと思えば、そうと告げなくても放っておいてくれる。

人恋しくなれば、

「お泊まりですか？」

さり気なく会話の糸口を提供してくれる。

気遣いを気遣いと感じさせない――この呼吸が見事なのだ。

翻《ひるがえ》って、銀座クラブはどうか。

ホテルのバーテンが、〝心理的な間合い〟と会話だけで接客をするのに対して、銀座クラブの接客術には、会話に、色香《いろか》と、ミエと、駆け引きが加わる。言い換えれば、これほど豊富な〝接客の武器〟を持ちながら、日本でもっともお金の落ちる銀座村で稼げないホステスは、二流以下。さっさと都落ちしたほうが、本人のためということである。

では、一流と二流以下のホステスとでは、基本的にどこが違うか。

二流以下に共通して言えることは、客との〝心理的な間合い〟が読めないことだ。

たとえば、前の項でご紹介した「ねっ、ね」の純子ちゃんがそうだ。客がくつろぎたいときに「ねっ、ね」を連発されては、

(高いカネ払って、お前の話を聞きに来てんじゃねえよ)

と、腹立たしくなってくる。

会社でおもしろくないことがあり、愚痴《ぐち》の一つもこぼしたい気分なのに、

「一曲どうですか?」

アッケラカンの笑顔で言われれば、

(このバカ! 自分がラクしたいだけだろっ)

である。

〝一流〟ホステスは、ここが違う。

客が、

(今夜はあんまりしゃべりたくないな)

と、思っているときは、余計な話はしてこない。

反対に、

(今夜はパッとやりたいな)

と、思いながら席につくと、

「いかがですか、お歌でも」

スーッと歌本が出てくる。

まるで心を見透《みす》かすセンサーでも備えているような、細やかな接客態度は、一流ホテルのバーテンの接客術と同じ呼吸なのである。しかもホステスは、バーテンと違って、この気遣いに色香が加わるのだから、客がグラリときて当然だろう。

もちろん客がハメをはずして多少騒ぎたいと思っていれば、それに合わせて、バカ話もすれば、腹がよじれるほど笑い転げても見せる。

（今夜、この客は、どういう気持ちで店に来ているのか？）

客との〝心理的な間合い〟を見抜き、客に合わせた「オーダーメイドの接客術」ができること——これが一流ホステスの最低条件の一つである。

売れっ子とは、人間関係のプロを言う

ヘルプとはつかず離れず

「ヘルプのコが本当に役立ってくれるのは、お客様がバッティングしたときね」

と、語るのは、銀座六丁目、並木通りのクラブ『N』で売れっ子の真帆さんだ。

三十代半ば。面倒見がいいことに加えて、スラリと背が高く、宝塚の男役を思わせる容姿はヘルプたちの憧《あこが》れでもある。在籍ホステス十数名という『N』で、真帆さんは〝腹心〟のヘルプ五人と一派を作っている。

この派閥が、真帆さんの武器だ。

売れっ子だけに、客が鉢合わせ《バッティング》することが少なくないが、

（真帆さんのお客さんだから）

と、腹心たちが本気になって懸命に接客してくれるから、安心してテーブルをまわることができるのだ。

ヘルプを腹心にするには、食事に誘ったり、何かプレゼントしたり、親密な関係を築いていく必要があるのだが、注意すべきは、ヘルプとの〝間合い〟だ。

「親密になるのはいいんだけど、私生活まで見せてしまうのは、よしたほうがいいわね」

と、真帆さんは言う。

ヘルプとうまくいかなくなったときに、仲間に私生活をペラペラしゃべられたり、客にあることないこと言いふらされる危険があるからだ。彼女たちとは親密を装いつつ、一定の距離を保つ――この〝間合い〟がポイントということなのである。

また派閥は、味方を作ると同時に、敵も作ることを忘れてはならない。「客」「腹心」「敵」というトライアングルの中を、いかにうまく泳ぎまわることができるか。売れっ子とは、人間関係のプロを言う。また、それが下手な女性は売れっ子ない！

ボトルは、最後の一杯の作り方が肝心

ボトルの残量が四分の一を切ったら、客はそしらぬ顔をしていても、ちゃんと計算をしている。

(今夜、空けちゃおうかな)

(少し残しておいて、ニューボトルは次回にするかな)

バブリーな時代ならともかく、こうも景気が悪いと、接待の名目で銀座の請求書を落とすのは、サラリーマンにとってヤバイ橋なのである。カッコつけて飲んではいるが、上司や経理の厳しい目を意識しつつ銀座通いをしている——これが実情と言っていいだろう。

その苦労を知らず、めんどうだから空けちゃえとばかり、残りの酒をジャーッとグラスに注いでおいて、

「ちょっと濃かったかしら」

シラッと言われたのでは、

（絞メ殺スゾ）

である。

反対に、薄く薄く作って、何とかそのボトルを保《も》たせようとしてくれたら、客はその気遣いに感激して、

「そんなの全部ついじゃって、新しいの入れてよ」

となる。

人間、心意気なのだ。

絶対にやってはいけないのは、客がそろそろ帰ろうかというときに、〝駆け込み販売〟のようにして、ボトルを空けることだ。一瞬にして興ざめで、腹立たしさだけが残る。これでは、客は来なくなる。楽しい気分のまま送り出すから、次回も来てくれるのだ。

〝目先の売上だけを見ていたのではダメ〟――この機微《きび》がわからないようでは、銀座では働けない……。

ナンバーワン熟女の気配り

巧みにヘルプを活用して客も満足

八丁目のクラブ『U』に、Sというホステスがいる。

銀座村では、ちょっと知られた女性《ひと》だ。

年齢は、おそらく五十は超えているはずで、決して美人でもないし、洋服も、銀座にしては地味なものだ。イメージとして、生命保険の〝セールスおばちゃん〟を思い浮かべていただければ、まさにそれに近いだろう。

ところが、彼女が、『U』の売上ナンバーワンなのだ。

彼女は年中無休。絶対に休まない。客から誘われて接待ゴルフに付き合っても、その夜はちゃんと出勤する。できそうでできない「欠勤しないこと」がまず、ナンバーワンの秘訣、その一。

その二は「人を使うのが上手《うま》いこと」。指名で手いっぱいなときも、客の好みを熟知しており、客に見合うヘルプをつける。彼女には徹底的に気配り術や会話術を教え込んでいるので、客も満足だ。周りに協力者を確保し、人を使うのが上手いのも、ナンバーワンでいる秘訣なのだ。

そして、その三は、なんと言っても細やかな気遣いだ。客がタバコを切らしたとき、その同じ買い置きを一箱ではなく二箱と使い捨てライターをさっと渡すという。

ここで理解すべきは、銀座に来る客でセックス目当ての男は、実はそれほど多くはないということである。もちろん、（あわよくば）という下心はあるものの（上京する人など、特に多い）、それが目的ではなく、客の多くは「銀座で飲む」ということ自体に満足しているのである。

ここが、他所《よそ》のクラブと決定的に異なるところだ。場末であれば、（ちょっと一発やっちゃおうかな）と、やらなきゃ損のように男性は思ってしまうが、ここは違う。

ホステスと会話するだけでも満足する。

ここが銀座の銀座たるゆえんであり、ステータスなのだ。

この特異性と、男性側のこの心理を知れば、銀座で働く者として接客はどうあるべきか、自《おの》ずとわかってくるはずである。

おサワリ防御は〝逆転の発想〟でかわす

客に身体を密着するほうが安全

大手不動産D社営業部のY課長が、部下を伴い、鮮魚店『魚二』(仮名)の親父《おやっ》さんを銀座五丁目のクラブ『N』に案内した。

『魚二』は、山手線某駅の駅前にあり、D社としては、ここを地上げしてマンションを建てる計画があり、そのための接待であった。

明治十八年創業という老舗《しにせ》『銀座天國《てんくに》』で一杯やってから、クラブに繰り出すことになったのだが、天ぷらをつまみに日本酒をコップでグイグイやった親父さんは、

「おうッ、課長。パッといこうぜ、パッとよ」

すでに、足下《あしもと》はフラついていた。

Y課長は一瞬、イヤな予感がしたが、

「もちろん、行きましょう」

不安を払拭《ふっしょく》するように、笑顔で言ったのである。

ところが、Y課長の不安は的中した。

飲むほどに酔うほどに、親父さんは隣に座ったヘルプの絵美ちゃんの肩を抱いて、おサワリを始めたのである。

「ヤダ。やめてくださいよ」

イヤがっているが、親父さんのご機嫌を損ねては一大事。

「社長、お盛んですな」

笑って、それとなく注意するが、もちろん酔った親父さんには通じない。彼のホームグラウンドは巣鴨《すがも》だと聞いていたが、まさにピンキャバのノリ。グラマラスな絵美ちゃんの胸と言わず、お尻と言わず、触りまくっている。

たまらず絵美ちゃんが立ち上がり、親父さんの向かい側に席を移した。彼女がキレてケンカになるのではないかと冷や冷やしていたY課長は、ほっと一安心。幸い、親父さんも怒りもせず、おとなしく飲んでいる……と思ったら、次第に身体がソファに沈み始めた。

（ン？）

Y課長が訝《いぶか》るのと同時に、

「キャーッ！」

絵美ちゃんの悲鳴。

なんとヤツは、腰をずらしてテーブルの下で足を伸ばし、靴を脱いだ指先を、絵美ちゃんのスカートの中に侵入させていたのである。

「あの魚屋サンだけは、二度と連れてこないで」

店を出るとき、ママは声を押し殺し、Y課長の耳元にそう告げたのだった。

銀座の高級クラブといえども、酒を飲む場所である以上、おサワリとは無縁ではいられない。ヒザに手を置く程度は、お勘定のうちと割り切ってはいるが、それ以上は許せない。

が、しかし、それを直接的に怒るようでは、接客とは言えない。客のプライドを傷つけず、また不快感を与えないようにしながら、いかにしておサワリを回避するか。ここが腕の見せどころでもある。

彼女たちの防御法を聞いてみると、次のような工夫をしている。

《その一》

お客さんに対して、やや斜めに背を向けるようにして、腰をピタッとくっつけて座る。

こうすると、胸がお客さんから遠くなるから触りにくく、またお客さんにしても、ホステスが身体を密着させているので、悪い気はしない。

《その二》

客が触ってきそうになったら、客の手をわざと両手で握って封じ込めつつ、

「柔らかい、きれいな手ですね」

と、甘い声を出す。

すると客は、

（おっ、もしかしたらオレに関心があるのか？）

と誤解し、嬉《うれ》しくなってくる。

こうなると、客は紳士ぶって、おサワリはできなくなるもの。

《その三》

「ちょっと失礼します。マネージャーが呼んでいますので」

と言って席を立ち、しばらくして席にもどる。〝間〟を取ると、そのテーブルの空気の流れが変わるものなのだ。

——触られないようでは魅力に欠け、さりとて、触られるのはイヤ。

この矛盾《むじゅん》をどう捌《さば》くかが、腕の見せどころなのである。

客には、正当性を主張するより「謝るが勝ち」

客同士のトラブルを上手に回避

この街には、有名人が遊びに来る。

かつて銀座で鳴らした石原裕次郎や勝新太郎のようなスーパースターであれば、たとえワガママを言ったとしても、店もホステスも客もまあ、許すだろう。いや、客にしてみれば、同じ店に居合わせた幸運を感謝することにもなろう。

もっともスーパーがつくくらいになると、ワガママどころか飲み方はスマートで、むしろ問題客は〝ハンパ有名人〟に多いと、銀座の女性たちは口をそろえる。ハンパな分だけ、周囲《まわり》が見えずワガママを言うのだ。自席で騒いでいる分にはいいが、困るのは、ほかの客とのトラブルである。

テレビレポーターのMが、七丁目の『L』に飲みにきたのは、お盆明けのことだ。

カラオケ大好き人間のようで、来店早々、Mはマイクを握ったが、イントロで露骨《ろこつ》に顔をしかめると、隣の真里ちゃんのテーブルを見やった。真里ちゃんが、お客さん四人とプロ野球の話で盛り上がっていたからだ。

するとMについていたA子が、

「ちょっと、Mさんが歌うんだから静かに聞いてよ」

トゲのある口調で、真里ちゃんのテーブルに向かって言い放ったのである。

言われた隣の真里ちゃんは、どうしたか。

「ごめんなさいね」

すかさず自分の客たちに謝ったのだ。

「なんで、オレたちが、ヤツの歌を聞かなきゃなんねぇんだ」

というセリフを、自分の客に言わせないための配慮であった。

誰もが認める超高名人ならいざ知らず、「レポーターくらいで、銀座で大きな顔するな」という気持ちが客にあるから、放っておけばケンカになったろう。彼女が謝ることで、客は真里ちゃんの顔を立て、Mのヘタな歌に拍手をしてくれたという次第である。

逆にA子は〝しょうがない女〟だが、この件に限らず、いくら自分が正しくて客のほうが理不尽でも、接客においてホステスが正当性を主張するのは愚《ぐ》の骨頂《こっちょう》だ。

卑屈になれと言うのではない。

接客の目的が、「売上」をあげることにある以上、いかに客に気持ちよく遊んでもらうか――この一点だけを考えるべきなのである。

「ごめんなさいね」

と言って売上があがるなら、実に簡単なこと。何度でも謝ればいいではないか。

できる女は、同伴に寿司屋を使う

名店でステータス気分を満喫

同伴するときの食事と言えば、ステーキや天ぷらなどいわゆる〝高い店〟が多かったが、それもいまは昔の話になった。

平成不況の長いトンネルに入って以後、〝接待族〟は銀座クラブの請求書を落とすのにも四苦八苦しているというのに、七万も八万円もする食事代まで請求書が送られてきたのでは、その事情を取り繕《つくろ》うのにひと苦労だ。

女性たちもそのあたりのコツは心得ていて、〝居酒屋同伴〟も珍しくなくなったというから、やはりご時世と言うのだろう。

さて以下は、同伴に関するアンケート調査を元にした銀座女性の同伴術である。

まず、待ち合わせの多い場所は、

○銀座日航ホテル（八丁目）
○三井アーバンホテル（八丁目）
○福家書店（八丁目）
○ヤナセ（八丁目）
○資生堂パーラー（八丁目）

喫茶店では、

○三井アーバンホテルのティールーム（八丁目）
○いちこし（七丁目）
○ルノアール中央通り店（八丁目）
○椿屋珈琲店（七丁目）
○アマンド（土橋店）または、風月堂（六丁目）

となっている。

これまでは、電話連絡が取れるということから喫茶店が多かったが、携帯電話が主流になって以後、外で待ち合わせる人が多くなっている。すでに何度か同伴している相手であれば、最初から現場（食事をする店）直行というケースも多い。またワケありで、一緒に歩いているところを見られたくないという客とも、現場で待ち合わせることが多い。

次に、同伴でよく利用される料理は、

①寿司
②和食・懐石
③フランス料理
④中華料理
⑤焼肉・焼き鳥

となっている。

焼肉および焼き鳥は、洋服にニオイがつくので出勤前は御法度《ごはっと》とされてきたが、最近は無煙も多く、若い女性は気楽に食べている。これをプロ意識の欠如と取るか、フランクになったと取るかは、判断が難しいところだろう。もちろんできたら敬遠するホステスも少なくない。

むしろ、そば屋のほうが難しいようだ。ダシの匂いは、焼肉や焼き鳥と違って、所帯じみた気分になるからだ。しかも、おツユが跳《は》ねて、洋服にシミを作ることもある。腹立たしいことに、新調した服や、白系統の服を着たときに限って、シミを作ってしまうという声は多かった。

同伴で人気の店は、和食・懐石では、『祢保希《ねぼけ》』（銀座七丁目）、『寛文五年堂』（七丁目）、『なだ万』（帝国ホテル内）。

『祢保希』は土佐料理の店で、料金は皿鉢《さわち》料理コースが六千円からというお手ごろ価格となっている。『寛文五年堂』は、稲庭手綯《てより》うどんの店だが、和食関係は、仕事前のお腹にもちょうどいいし、名前が知られていれば店の格にはこだわらないという女性が多い。

同伴でもっとも人気があるのが寿司屋で、定番と言っていい。食べる量が調節でき、ちょこっと飲めて、簡単に切り上げられるという手軽さに加えて、

「寿司は高い」

というイメージが客にもホステスにもあり、

「ちょこっと寿司をつまむ」

というシチュエーションが、一種のステータス気分を演出してくれる。

もっとも定番過ぎるため、同伴で寿司屋、アフターで寿司屋という日もあって、

「また寿司なの？」

と、声に出さないで溜《た》め息《いき》をつくこともある。

ちなみに同伴でよく使われる寿司屋は、高級店では、『おざわ』、『すし幸』、『新富寿し』。庶民的な店では、『まんまる鮨』、『写楽』、『寿司清』となっている。

なおフランス料理や中華料理などコースは、時間がかかるうえ、途中で切り上げることができないので、意外に不人気となっている。

食事を一緒にすれば人格がわかると言われるが、ここぞとばかりに食べる女性がいる。それも高いものばかり……。特に寿司は要注意で、あれもこれもと矢継ぎ早に握ってもらい、結果〝この女は……〟と正体がばれることになってしまう。

同伴もミエを張って、相手のことを気配ってこそ銀座ホステスなのである。

入店前によく行く人気の寿司屋さん

■高級店

●おざわ（8丁目店）
●すし幸（7丁目店）
●新富寿し（5丁目店）

＊「新富寿しは、赤酢と塩でさっぱり味付けしたシャリが美味しい。シマエビのすり身が入った玉子が絶品」（クラブ『I』香織さん）、高級店では、5丁目の『からく』も人気。

■庶民派店

●まんまる鮨（7丁目店）
●写楽（8丁目店）
●寿司清（8丁目店）

＊「寿司清のおすすめは、光りもの。キモ入り味噌で焼いたゲソ、シイタケにつめたエビしんじょもオツ」（クラブ『A』美奈さん）

人気懐石和風料理店

●祢保希《ねぼけ》（7丁目）
●寛文五年堂（7丁目）
●なだ万（帝国ホテル店）

＊『祢保希』は豪快な皿鉢（サワチ）料理を中心とした土佐料理の店。
『寛文五年堂』はうどんすきなども出す、稲庭うどんの名店。
細くて平たいコシのある麺が評判。
老舗の『なだ万』では、四季折々の食材に彩られた懐石料理が楽しめる。
三井アーバンホテル地下の懐石料理店『むなかた』も場所柄よく利用される。

十分ずらして店に入るのが同伴のコツ

ほかの客の心証を悪くしない

同伴ノルマが達成できなければ罰金がある。

すでにご紹介したように、たいていの店は日給の百パーセントカット。つまり同伴できなければ、この日は出勤してもタダ働きになってしまう。

だからホステスは、同伴ノルマを達成するために、必死で客に電話をかけまくる。

客によっては、

(オレに気があるのかな)

と勘違いするオメデタイ御仁もいるが、彼女にしてみれば、要は同伴してくれればいいわけで、勘違いしようが誤解しようが、そんなことに構ってはいられない。いや、むしろ勘違いさせるのが腕の見せどころということになろうか。

だが、彼を連れ、意気揚々と一緒に出勤するのは、おバカさんのすること。

なぜなら、

「ほかの客が見たらどう思うか」

という視点が、すっぽりと抜け落ちているからだ。

連れだって店に入ってくれば、

（同伴？　なーんだ、あれは彼氏だったのか）

と誤解され、引いてしまうことに気がつかないのである。

冴《さ》えてるホステスは、だから時間をずらして店に入る。五分でも十分でもいいのだ。

「すぐ行くから、先に入ってて」

適当な理由をくっつけて、ちょっと回り道をすれば、五分や十分はすぐ経ってしまう。秒にして三百〜六百秒。たったこれだけの時間差が、実は重要な営業戦略であることに、頭の弱いホステスは気がつかないでいる。客と腕を組んで入店してくる女性に至っては、何をかいわんやである。

有名店で食事をご馳走《ちそう》になったときなど、得意気分で同伴出勤をしたくなる。いい客を何人も持っていれば、一緒に入店して、ほかのホステスに見せつけたくもなる。だが、できる女性は、こうした誘惑とミエに無縁のところで、一人でも多く自分の客とする知恵と工夫をもって行動しているのである。

客から悩みを打ち明けられたら一人前

「情交」の関係は末永く続く

クラブとキャバクラに代表される風俗店とは、根本的にどこが違うか。

それは、「性交」と「情交」の差と言っていいだろう。

肉体的な欲望の排泄《はいせつ》を「性交」とするなら、「情交」は精神的な排泄を意味する。

すなわち、客が風俗嬢に求めるのは「性交」であり、クラブホステスに求めるのは——もちろん男としての欲望はあっても——本質的には「情交」であるということだ。

だから風俗店ではバカ騒ぎはあっても、悩みを打ち明ける客はいない。反対に銀座では打ち明け、助言を求める男性もかなり多い。

言い換えれば、客から仕事上、プライベート上の悩みを相談されないような女性は、銀座失格ということでもある。

「実は、女子社員と……」

客が自分をさらけ出したら、誠意をもって真剣に聞いてあげること。

これだけでいい。悩み事の相談というのは、それを人に打ち明けた段階で、すでに八割は解決しているものなのだ。親身になって相槌《あいづち》を打ち、客の言葉をやさしくリフレインするだけで彼は救われた気持ちになる。

こうした関係が、まさに「情交」であり、遊びとしての一夜の肉体の関係と違って、心と心の結びつきは末永く続くのである。

ホステス冥利《みょうり》につきるとき

商談の席の対応で格が決まる

「ありがとう。おかげで、取引がまとまったよ」

このひと言が最高の喜びだと、銀座の女性たちの多くが口をそろえる。

銀座クラブの特徴は、周知のとおり接待で使われることだ。極論すれば、銀座三千軒で、夜ごと商談が行われていると言っても過言ではない。

「酒席での商談は、日本の悪《あ》しき習慣だ」

などとヤボは言いっこなし。現実として、銀座クラブは商談の裏舞台であり、ホステスは〝潤滑油《じゅんかつゆ》〟という重要な役割を果たしているのだ。

「お客さん同士がビジネスの話を始めたときに、どういう態度を取るか。ここが一番のポイントじゃないかしら」

と、自らの接客術を披露《ひろう》してくれるのは、八丁目の高級クラブ『G』のナンバーワン、弥生さんである。

「絶対にやってはいけないのが、ムスッとしたシラケ顔。商談なんか私には関係ないわ、という態度を見せると、テーブル全体が気まずくなってしまうから。これじゃ、まとまる話も壊《こわ》れてしまいます」

次回からこの店はパス、ということになり、客を逃がすことになる。

もし、こみ入った話のようであれば、

「席を外していますね」

と言って、スーッと席を立ったほうがスマートだ。

そして、グラスに気を配りつつ、水割りがなくなったら時々作りに行って、話がくだけ

てきたようだったら、

「おじゃましてもいいですか？」

と、断り、了解を得てから再び席につく。

商談の席では、この気遣いがポイントで、

「ブスッとして座っていると、お客様が気を遣いますからね。〝もうすぐ終わるから〟なんてお客様に言わせるのは、ホステスとしては最低でしょう」

と、弥生さんは手厳しい。

そして、

「あのコが席についてくれると、不思議と話がまとまる」

という評判を取って初めて、銀座ホステスとして胸を張れるのである。

第2章 「稼げる女」の上級テクニック

上手な税金対策、売上アップの㊙技公開

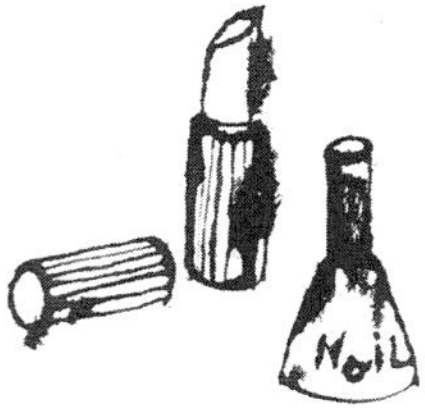

友人に頼み、同伴のピストン輸送

自腹を切ってノルマ達成

月末が近づき、同伴ノルマが達成できていないホステスは、憂鬱《ゆううつ》になる。繰り返しになるが、達成できないと罰金だ。

ひと声かければ、鼻の下を伸ばしたオヤジがホイホイ同伴してくれると思うのは、銀座を知らない人の話で、高級店で食事を奮発して、そのあとお店に付き合えば、少なくても十数万円がふっ飛ぶのだ。ハナにかかった声でお誘いを受けても、とてもそういうわけにはいかない平成大不況である。

月末を迎えて、どうにも同伴回数が達成できそうにないとなれば、最後の手段だ。

「ねっ、勘定は私が持つから、とにかく同伴して」

と、行きつけの店のバーテンなど、知り合いのご同業にせがむことになる。

まずA君と同伴で店に入り、早々に帰してから再び外に出ていって、今度はB君、五分もしたら、次にC氏と、恥も外聞もなく同伴のピストンをすることになる。

「ノルマは達成できても、ミエミエだもの。こんなことやってていいんだろうかって、自分の売れなさ加減に落ち込んじゃうこともあるんですよ」

同伴日がなければ、どんなに楽か——ホステスみんなが思っていることだろう。

実際、ノルマを嫌って、同伴日のない店を探して勤める女性も少なくないのである。「銀座」にしてこれである。他所《よそ》はおして知るべしか……。

ノルマに追われて、胃がキリキリ

稼げる女だけが優遇される

かつて水商売は、日陰の職業だった。

昼間の勤めができない女性が、ワケありで勤める場所だった。

つまり働き場所が少ない女性の最後の拠《よ》り所《どころ》が、ホステスという職業だった。

〝どんでもない、最近は様変わりしてきた〟といっても、社会的な評価となると、もうひと息といったところか。

だが、同じ水商売でも、銀座は違う。

仕方なく勤められるほど、ヤワな世界ではない。

指名ホステスは、契約した売上に達しないと給料が下がる。給料が下がれば、店内での自分の価値も下がる。価値が下がれば、リストラ予備軍にされてしまう。いつクビを切られるか、ビクビクの毎日を送ることになる。

「バブル時代が、いちばん苦しかったですね」

と、意外なことを言うのは、七丁目の高級クラブ『H』の菜穂子さんだ。

バブル時代は、銀座中で札束が乱舞し、ホステスは濡《ぬ》れ手に粟《あわ》のはずだったが、それがかえって彼女たちの首を絞《し》めることになった。菜穂子さんは言う。

「マンション買ってもらったとか、ベンツをおねだりしたら、その場でキャッシュをくれたとか、景気のいい話ばっかり。ここは、そんなにわか成金《なりきん》が出入りしていたから、それを目当てに、六本木などから女のコが大挙して銀座に流れてきちゃったんです。おかげでいまは、ホステスの激戦区になったんですよ」

この世界は、売上がすべて。稼げるホステスだけが優遇され、あとは使い捨てで、経営者は彼女たちをどんどん入れ替えていったのである。

使い捨てはバブル時代だけでなく、いまのように不景気になっても同じ。不景気になればなったで、やはり稼げる女性だけが優遇されるのである。

だから、ここで生き残るのは大変なことなのだ。

月末を控えて、売上が足りないホステスは、胃が痛くなる。数字が達成できないようなら、前項で紹介したように、自腹を切ってまで、知り合いのバーテンやクラブのマネージャーなどに頼んで同伴する。それも次から次への〝ピストン同伴〟で、一日に何回もこなし、何とか売上をクリアするのだ。給料のことよりも、成績が悪ければクビになってしまう。これが怖いのである。

「月初めは、いつもドキドキ。もし今月、売上がいかなかったらどうしようってね。初めの一週間が針のムシロ。今日来るか、明日来るか……。電話をかけまくるんだけど、一人も来ないなんてこともありますからね。心臓に悪いわよ」

プロ野球の三割バッターでも、開幕が近づいてくると、

（ひょっとして、今シーズンは一本もヒットを打てないんじゃないか？）

という不安に襲われるというが、彼女たちも、月初めの一週間は、不安に苛《さいな》まれるのだ

と、菜穂子さんは言う。

苦しければ、さっさと銀座村から出ていけばいいものを、そうはしない。

なぜか。

もちろん銀座というブランドの魅力もある。

だが、それにも増して、ホステスたちを〝村〟から離れ難くさせているのは、ノルマに追われる生活が――本人はそうと気づかないまま――刺激的で、ほどよい緊張感になっているからではないだろうか。ほかの街の店に移ると、退屈で、そのくり返しに我慢できなくなると言うホステスは多い。

「そういう意味では、私たちにはマゾ的な部分があるように思いますね」

とは、菜穂子さんの分析である。

売上ノルマを低く設定するのは、二流がすること

百万を売り上げる快感を思え

売上ホステス――つまり、売上に応じて収入が決まるホステスは、入店に先立って、売上保証（ノルマ）と日給を店側と話し合って決める。

たとえば、売上保証が月額五十万円に対して、日給が一万七千円。五十万円に満たないと、日給は二千円ダウンして一万五千円、反対に五十万円を超えれば千円アップの一万八千円というように取り決める。

当然、売上保証の設定が高くなれば、それだけ日給も高くなるわけだが、問題は保証額をいくらに設定すべきか。

ここで彼女たちは迷う。

ノルマ達成に毎月追われることを覚悟《かくご》して高く設定するか、安全策でいくか。

だが、安全策という易《やす》きに流れるホステスは、決して一流にはなれない。これが銀座の鉄則である。なぜなら、ノルマ三十万円のホステスには、五十万、百万円を売り上げる快

感がわからないからだ。

（今月も三十万いったわ。ラッキー、自分にご褒美《ほうび》）

と、低い数字に満足してしまう。

これでは成長はない。

そこで、思い切ってノルマのハードルを高くしてみる。

苦しくなる。

必死で接客する。

そして、それを達成したときの充実感を味わってしまうと、欲が出て、もう元の額にはもどれない。五十万円のハードルをスリリングに超えた女性は、三十万円には落とせないのだ。これが、プライドへと昇華《しょうか》していくわけである。

言い換えれば、ホステスとして成長していくには、いかにハードルを高くし、それを超えていくかがポイントになってくる。

いま十の荷物を背負《しょ》っている人は、思い切って十二の荷物を背負ってみることだ。四股《しこ》を踏ん張り、よいしょと持ち上げたときに、人間は成長するのだ。

「稼げる女」は税金対策も怠らない

一着二十万以上は衣装代として落とす

○美容代――一ヶ月の髪のセット代、毛染め代、スプレー代など約八万円、化粧品代、エステ代約二万円、年間計約百二十万円

○衣装代――衣装代（一着二十万円以上のものは金額の五十％を二年で減価償却）、靴バッグ、アクセサリーなどの服飾品、年間約百十万円

○交際費――中元、歳暮各約四十五万円、バレンタインデー・チョコレート代約二十万円、客の誕生日にご馳走する食事代、月に約二万円×三人平均、年間約百八十万円

○会議費――ヘルプのホステスの相談に乗るときの食事代、一回約一万円、月に五～六回、年間約七十万円

○通信費――携帯電話代月約二～三万円、深夜帰宅のタクシー代月約八万円など、年間約百二十万円

○雑費——客に送付する手紙などの事務用品など、年間約八万円

締めて、約六百万円ちょっと。これは、銀座八丁目のクラブ『J』、雇われママ美佐子さんの〝必要経費〟である。

〝銀座の女道〟を歩んで十八年目。月に百五十〜二百万円を売り上げて年収約千三百万円。帳簿の記帳は税理士に頼み、青色申告で約五十万円の税金がもどってくるという。

川原亜矢子似の顔に抜群のスタイル、気配りの達人、ヘルプからの信頼も厚い姉御肌の美佐子さん。二年前に店のオーナーが替わったとき、手腕が買われてママに抜擢《ばってき》された。

「売上契約のときよりも年収は四割強アップ。でもそのぶん責任重大、気苦労も多いし、使った経費を計算すると冷や汗が……。あるデパートのクレジットカードだけで年間百五十万以上も使っているんですから」

と溜め息を漏らす。休日は客への礼状を書くので一日が終わってしまい、プライベートな時間はほとんどない。

「エステサロンでいい香りに包まれてマッサージを受けているときが、自分を癒す至福のひととき」

と銀座の女の頂点に向かって驀進《ばくしん》中の美佐子さんは言う。

「青色申告で節税」がミリオネーゼの常識

二百万円の還付金があったケースも

クラブのホステスは正社員として雇われることはめったにない。が、給与（報酬）の源泉徴収の義務はある。

日給払いのホステスの場合、一日五千円（美容院代、化粧品代、ストッキング代など）が必要経費として控除されるのが慣例のようだ。日給から五千円差し引いた額に十％の源泉所得税が掛かるわけである。

報酬が必要経費を差し引いて年間二十万円以上だと、確定申告をしなければならない。けれども、特にヘルプの場合、源泉徴収されたままで税務署に申告しないケースも多い。手続きが面倒だという理由のほか、日中はＯＬの顔を持つ女性も少なからずおり、夜の仕事をあまり公にしたくないという気持ちが働くようである。

中には、店側が手続きを疎《うと》ましく思いホステスも嫌がるので、源泉徴収をしていないクラブもある。これは立派な脱税である。

元国税調査官で著書『脱税のススメ―バレると後ろに手が回る』（彩図社）『よく分かる図解サラリーマン スーパー節税術』（祥伝社刊）などで知られる、大村大次郎氏は、「青色申告をすると必要経費がかなり認められて、税金がもどってくることが多い。日中の仕事と夜の仕事を合わせて年収が一千万円を超えるなら、税理士への報酬を差し引いても得になるのでは」

と銀座の女たちへ節税対策をアドバイス。

青色申告制度はひと言でいうと、所得計算や税額計算などでさまざまな優遇措置が受けられる制度。税務署へ承認申請をしなければならないことや帳簿の記帳の義務が生じることなどで億劫《おっくう》がる人も多い。だが、総所得から無条件に十万円控除されるなどメリットも多いのも事実である。

領収書をとにかくしっかり集めて、几帳面な性格なら税理士なしで申告することもそれほど困難な技ではない。銀座のママの中には、青色申告で二百万円税金を取り戻したツワモノもいるそうである。

内容が適正であれば、経費は原則、無制限に認められる。たとえばホステスの〝勝負服〟となる衣装代。大村氏によると、高額な衣装でもホステスとしての仕事中にしか着用しないのであれば百パーセント経費として減価償却できるという。美佐子ママのセリーヌのスーツは、節税のための〝勝負服〟でもあるのだ。

逆に高額商品でなくても、店の福利厚生費としてではなく、ホステスが個人で買った疲労回復のための健康ドリンクなどは、大村氏によると経費として認められるのはむずかしいという。ホステスが仕事以外にも使用すると思われるコンタクトレンズもバツ。

ともあれ、収入アップには青色申告というのが、聡明なホステスの間では今や常識である。

客からのチップはオイシイ収入

申告しなくてもめったにバレない

ネオン街は脱税の温床でもある。

安売りショップで仕入れた数千円のドンペリのコルクが、ン万円で抜かれる世界。仕入れ単価と売り値の差が明確ではないゆえに、売上をごまかすのも日常茶飯事ともいわれる。

クラブのオーナーがホステスや従業員の数を水増しして申告する。領収書を出さないですむ客の売上を抜く。電化製品を購入し自宅で使用する。自宅の修繕費を経費で落とす。経費として認められている月三十万円の交際費を私用で使う、領収書のない慶弔費をでっちあげる……。

大村氏によると、これらは税務調査官が見破るポピュラーな脱税手口である。もちろん発覚すれば追徴税を掛けられることになる。

追徴税には課税漏れしていた金額に十％を掛ける「過小申告加算税」と悪質な不正行為に対する「重加算税」がある。重加算税は本来納めるべき税金に加えてさらに三十五〜四十％増の税金が課され、しかも過去七年間に遡《さかのぼ》って追徴することができる。〝後ろに手が回る〟こともある。〝泣く子も黙る〟追徴税なのである。

「他の店がチクリやがって、ウチの店もやられた……」

自宅までガサ入れされた、ある中級クラブのオーナーの嘆きである。突然税務調査が入り、がっぽり追徴税を持っていかれたのだ。

銀座村は嫉妬や妬《ねた》みも渦巻く世界。税務調査が入ったクラブは、儲《もう》かっているという風評のある他の店を税務署にリークすることも多い。

売上を抜いていないか調べるために、調査官はクラブの客になりすまして内偵調査をすることもある。後日、税務調査するときに自分が客として潜入したときの売上伝票が破棄されていないか、チェックするのである。

大手企業の社員が頻繁に利用するクラブにも、税務署は目を光らせる。

大手企業に税務調査が入ったときに同じクラブの請求書が何枚も見つかると、そのクラブが売上をごまかしていないか調べられることがある。税務署は金があるところから先に調べるので、上（大企業）から下（銀座のクラブ）へと流れてくるケースも多いのだ。

ホステスの場合は、客からもらったチップや、高額な宝飾品などの贈与も年間百十万円を超える場合は申告しなければならない。しかし、このオイシイ収入をまともに申告しているホステスはほとんどいない。領収証のない収入をそのままポケットに入れてしまえば、税務署もお手上げだ。この課税逃れは、ほとんど見つかることはないそうである。

請求書というもの、ここまで気を配るのが銀座式

3Bの鉛筆で内訳をメモ

接待族が銀座の請求書を開封するときは、ちょっとした緊張を覚える。学生時代、試験の答案を返してもらったときの心境に似ていると言う人もいる。

(調子に乗って飲んじゃったけど、いくら来てるかな……)

いつもと同じような金額なら、ひと安心。目の玉が飛び出るような金額だったら、

「ウーム」

どう処理すべきか、唸《うな》ることになる。

たとえ仕事に必要な接待であったとしても、場所が銀座クラブである必然性は薄い。多くは接待に名を借りた自己満足なだけに、「上司や経理をいかに通過させるか」――ここが勝負になってくる。だから、唸るわけである。

三日も四日も続けて銀座で飲んで、そのまま素直に請求書を出せば、

「なんだね、これは」

間違いなく引っかかる。

その伝票が通らないだけならまだしも、

「ロクな仕事もしてないのに、何だね、キミは。前々から思っていたんだが、だいたい銀座のクラブで……」

説教もエスカレートすれば怒りに変じ、ヘタすれば左遷《させん》か閑職《かんしょく》。冗談《じょうだん》ではなく、たった一枚の請求書が――それが銀座のクラブであるがゆえに――人生の浮沈《ふちん》に関わってくることさえある。だから、会社へ出すタイミングを含め、いかにして請求書を落とすか、細心の注意を払うわけである。

言い換えれば、接待族が、そこまで危険を冒して銀座に通ってきてくれているのだということを、もっと理解すべきなのに、頭の弱いホステスは、素直に請求書を送ってしまう。

だが前述のように、素直に出せば、どこかで厳しいチェックがある。

これでは彼は困る。

引っかからないようにするには、結局、請求書を素直に出してもいいような回数しか行かないことになる。

今度は、自分が稼げなくなる。

賢明なホステスは、彼の立場を考えて、請求書に工夫する。

どう書くか。

請求書は、ご承知のように多くの店では二枚複写になっている。

一枚目はボールペンを使用して、《宛名》と《金額》だけを記入し、《日付》《人数》は空欄にしておく。客の都合――つまり請求書を落としやすい日付と人数を、客に任せるのである。

そして、ここが賢いホステスの気配りだが、複写となる二枚目に、鉛筆で薄く《日付》と《人数》を書いておく。

つまり、

「本当にいらした日付と人数はこうですよ」

と、教えておいてあげるわけだ。

客にしてみれば、ひと晩に何軒もハシゴすることもあれば、一ヶ月のうちに同じ店に何度か行くこともあるだろう。日付と人数がまったくの空欄だと、客もいつの請求書かわからなくなってしまう。なお請求書の枚数が多いときは、別紙に詳細を書いておけば親切だ。さらに上限額を聞いておいて二〜三枚に分けたりもする。

もっとできるホステスは、鉛筆の芯の太さに気を配る。２Ｂや３Ｂなど、消しゴムで簡単に跡形なく消える鉛筆で書くのだ。細く薄く書けるからといって、２Ｈ、３Ｈの硬い芯を使うと、いくらゴシゴシ消しても裏から見ると跡がくっきりと残って、鉛筆で書いた意味がなくなる。

客は、こうした気配りに感激し、

（このコなら大丈夫）

という信頼を生み、結果として、稼ぐことにつながるわけである。

わざと高い請求書を送りつけ、ミスだったと謝る

差額を返して喜ばれる裏ワザ

バブルの時代は一万円札が乱舞したチップも、この不景気で、いまは昔の話になってし

まった。

昔からの馴染《なじ》み客がせいぜい勘定をキャッシュで払って、

「釣りはいらないよ」

といった程度の金額になってきたと、ホステスたちは溜《た》め息《いき》をつく。

だからというわけでもあるまいが、店と結託して〝水増し請求書〟を送りつける女性も現れた。

勘定のときに、マネージャーが、

「いくらつけたらいい？」

と、彼女に小声で訊《き》く。

「じゃ、二万」

と言えば、勘定は二万円アップで計算され、その金はホステスにバックされるというわけである。

キックバックがあれば、ホステスも客を呼ぶのに一所懸命になるし、店も客が来れば儲《もう》かる。つまり客引きの〝報奨金《ほうしょうきん》〟を、客に支払わせているというわけである。

あるいは人気がなくなり、売上が伸びなくなってくると、値段を高くつけて請求するホステスもいる。

客も、

（あれっ、いつもより高いな）

と思っても、大人だから黙って払ってくれるが、それもせいぜい一万～二万円まで。客は鷹揚《おうよう》に見えて、意外と細かいもので、結局、見限られることになる。

利口なホステスは、そんなバカなことは絶対にやらない。商売で稼ぐコツは「信用」にあることを熟知しているからだ。数万円と引き替えに信頼と信用を失うなど、プロのやることではない。

勘定に関する裏ワザは、むしろそれらを得るために使う。

たとえば、わざと高い請求書を送りつける。

客は当然、不審に思う。

（○○子のやつ、上乗せしやがったかな）

疑心暗鬼《ぎしんあんき》になりつつ、とりあえず経理に回し振り込む。

そこを見計らって、電話だ。

「ごめんなさい。先日の請求、計算を間違えて高くつけちゃったの。今度いらしたときに現金でお返しします。ホント、ごめんなさいね。一度、顔を出してくださいな」

こう言われると、客も、

(なんだ、そうだったのか。正直な子だ)

と気分をよくし、払い過ぎた差額をもらいに来店するというわけである。

決して褒《ほ》められた方法ではないし、同じ客に二度、三度は使えない手だが、こういう裏ワザを使うホステスも数人いたのは事実だ。

上司が別の店にイレ込んだらピンチ

集金のやり方次第で客を逃すことも

「ちょっと、いい加減に払ってくんない!」

美奈子ちゃんが、ついにキレた。

相手は一部上場企業に勤めるA課長。売掛金は五十万円ほど。しかも、この四ヶ月間、

〝来てねコール〟を何度かけても来店なし。

（こんな客、縁切りよ！）

肚《はら》をくって会社に電話した次第である。

もしA課長がトボケたら、仲間のバーテンに取り立ててもらうつもりだ。手数料は取り立てた額の一割が銀座の相場。これまでも何度か頼んだことがあるが、ドスの効いた声で、

「これから会社、行きましょうか」

とスゴんでもらえば、まず百パーセント支払ってくれる。だから相手がちゃんとした会社に勤めていれば――それっきり客とは縁切りにはなるが――売掛の回収は、そう難しいことではない。

ところが、A課長は、

「悪いけど、もうちょっと待ってよ」

周囲を憚《はばか》るような声で言った。

「冗談じゃないわ。何ヶ月待てばいいのよ」

「それが、ちょっと事情があって……」

そんなやりとりの末、美奈子ちゃんはA課長と会って、その事情とやらを聞くことになったのである。

夕方、待ち合わせた八丁目の喫茶『ルノアール』で、A課長は言った。

「実は、七丁目に『P』ってクラブがあるだろう。部長が、そこの若いコにぞっこんになっちゃって、銀座で飲むなら『P』を使えって。お達しが出ているんだ」

だから、美奈子ちゃんの請求書を出しにくくて、引き出しに入ったままになっているということだった。

実は、意外にこういうケースは多いのだ。そういう事情とわかっていれば、分割で払ってもらい、それに見合う日付なしの領収書を切っておいて、A課長が時期を見て落とすという方法も考えられたろう。彼を客としてつないでおいたほうが、長い目で見ればプラスだ。部長にしても、いつまで『P』に通い続けるか、わからないのだ。

ところが美奈子ちゃんは、タンカを切ってしまった。もうA課長は店には来ないだろう。ここは強引にでも集金するしかないと、美奈子ちゃんは自分に言い聞かせたのである。

請求書を落とせる立場の客が急に来なくなったり、支払いが滞《とどこお》ったときは、それなりに事情があるものだ。

「冗談《じょうだん》じゃないわよ！」

というタンカは、それを聞いてからでも遅くはないのである。

回収不能になるリストラ社員の売掛

アブナイ客は現金払いに

接待族がツケで飲めるのは、会社に信用があるからだ。

だから客が、前項の例のように、その会社に勤めていさえすれば、ツケの回収はそう難しくはない。

問題は、退社したときや、急な異動で遠くへ転勤したときだ。

円満退社なら、ツケはきちんと整理していくが、これがクビになるとやっかいだ。明日の生活がヤバイというのに、ツケを清算しにくる客などいるわけがない。第一、会社に来た請求書は、会社が払うという意識でいるのだから、クビになればあとは知らん顔。踏み倒した、という罪悪感すらないだろう。

ところが、売上ホステスにとってはとんでもない大問題だ。

しかも、このご時世。一流企業に勤めている上客が、ある日突然、リストラということも少なくない。

しばらく店に来ないと思って、ご機嫌うかがいの電話を会社に入れると、

「○○は退社しました」

「エエッ！」

絶句。

あわてて会社に駆けつけ、

「実は、私どもの店で、これだけの売掛があるんですが」

と掛け合っても、

「当社は、退社した人間のことまで関知しません」

木で鼻をくくったような言葉が返ってくるだけ。

「じゃ、本人に直接集金しますから、自宅の住所を教えてください」

と言っても、

「そういうことは、お答えできないことになっております」

取りつく島もないのである。

「十年前までは、〝その筋〟に頼めば、居場所を探して取り立ててくれたんですがねえ」

と語るのは、某店のマネージャーだ。

「暴対法（暴力団対策法）ができてから、指定暴力団は、取り立てが法律で禁止されましたからね。依頼した側も処罰される。だから結局、泣き寝入りなんですよ」

一流会社の客だからといって安心できず、さりとて、

「リストラ、大丈夫ですか？」

とも訊《き》けない。

売上をあげようとすればリスクがつきまとうし、楽なことばかりだと売上は伸びない。これが、銀座ホステスのジレンマなのである。

だが、賢いホステスは、普段から万一に備えている。それとなく自宅の住所を聞き出したり、ヤバそうだと直感したら、

「ごめんなさいね。店の入金システムが変わっちゃったの」

などと言って、極力ツケにさせないよう努力する。客をひととき不愉快にしたとしても、そうやって自分を守るしかないのである。

なぜなら、売掛はホステスの責任だ。店は、売掛が回収できないときは、担当したホステスの給料から差し引く。完済するまで働かせる。店を移れば、移った店から返済してもらう。店は、どう転んでも損しないようになっている。

だから女性たちは、自分の生活は、自分で守る覚悟が必要なのである。

ボトルを早く空けさせるテクニック

客専用のロックグラスを用意

どんなにきれいごとを言ったところで、ホステスは、いかに客に気持ちよく、お金を遣わせるかが勝負だ。

客への気遣いも、結局は、売上をあげるためのパフォーマンスに過ぎない。

こんな言い方をすると、身も蓋《ふた》もないが、ホステス稼業もビジネスである以上、それで当然なのだ。

いや、このドライな割り切りがなければ、銀座という生き馬の目を抜く世界で生きていくことは不可能だろう。

だから、ボトルを少しでも早く空けさせるため、彼女たちは、あの手この手のテクニックも考え出す。

先の項で紹介したように、ボトルが残り少なくなったら、わざと薄く作って、客の情感に訴えるという高等テクニックから、

「いただきま〜す」

「カヨで〜す」

「美加子で〜す」

ホステス同士が連携し、テーブルに押しかけて、ボトルが早く空くのを手伝うというオーソドックスな技まで、いろいろだ。

六丁目のクラブ『K』のママは、おもしろいことを考え出した。

常連客に、個人の名前を入れたグラスを作ったのだ。

ロックグラスにしたところがママ（三十代前半という若さで！）の非凡なところで、

「はい、小泉ちゃんのグラス」

と言って差し出されれば、誰だって嬉しいし、常連風でほかの客にも見栄《みえ》を張れるし、とりあえずロックで飲む。途中から水割りに切り替えるにしても、ロックで飲んだ分量だけ確実に酒の減りは早くなるという仕掛け……。

こうした努力をせず、早くボトルを空けさせようとして、ウイスキーを濃く作るのは、下心が透けて見え、結局、客の健康を害したり、逃がしてしまうのである。

ちなみに、大きいグラスで水割りを作る店もあるが、なまじ大きなグラスだと飲みでがあり過ぎて、かえってピッチは遅くなる。早くボトルが空くように見えて、結果は逆。なかなか空かないものである。

会社の経理に督促《とくそく》するのはヤボ

目先の金にこだわりすぎるな

飲んだら、払う。

当たり前だ。

しかも、見栄も外聞がある。

だから請求書が送られてくれば、早めに払いたい。

この気持ちは、銀座で飲む誰もが共通して持っているものだが、接待族の場合は、財布は会社。つまり会社に支払わせなければならない。だが会社というものは、水商売の請求書に対して、そうそう毎度、甘い顔はしてくれない。

そこで、伝票をきるタイミングを図《はか》っているうちに、二ヶ月、三ヶ月が図らずも経ってしまうことになる。

だから本人に、悪気はない。

むしろ、

（払わなきゃ、払わなきゃ）

と気をもんでいる分だけ、自分では誠意があると思っている。

ところが、そこへママから経理に問い合わせの電話。

「クラブ○○のSと申します。△△課長さん宛に、×月×日付けで請求書をお送りしてあるんですが、まだ振り込まれていないので……」

銀座のクラブから支払いの督促電話が来る――これだけで、堅い会社だったら出世の妨げになるだろう。△△課長はうろたえ、烈火《れっか》のごとく怒り、個人の財布で用立てして清算し、二度と店に来なくなるというわけである。

そして――ここに留意すべきなのだが――経理部門の人間は、営業部門などと違って、デスクワークが中心だ。接待という名目で、銀座のクラブを利用するなどということはまずあり得ない。しかも、伝票だけは処理させられる。

（何だ、こいつら、銀座ばかり通って。同じ社員なのにオレは……）

と、不満を抱くことになる。

そこへ、ママと称する女から、高飛車《たかびしや》な督促の電話。伝票が処理されているかどうかは、膨大《ぼうだい》な伝票類をパソコンで検索しなければならない。カチンと来るのは当然だろう。

しかも取引先ならいざ知らず、相手は飲み屋だ。

「そういうことは、△△に直接電話して確認してください」

つっけんどんに電話を切ってから、上司に、

「△△課長、いったいどうなってるんですかね。銀座の○○というクラブから督促なんですよ」

と、あえて問題にする。

このテの話は、瞬時にして社内に広まるから、クラブ○○はアンタッチャブル。同社では、誰もこの店を使わなくなってしまうのである。Sママはそうと気がつかないだろうが、たった一本の電話が、大きな損失になって跳《は》ね返ってくるのである。

もちろん彼女の行為は間違っていない。

経理に入金の確認をするのは、経営者として当然だ。

だが、正しいことと、商売とは別なのだ。

女性経営者の場合、ここを勘違いすることが往々にしてあり、支払いが少しでも滞ると、すぐに経理に電話をしてしまうのである。

男の経営者は違う。

ガマンする。

一つには、督促することがカッコ悪いという見栄もあるにはあるが、長い目で見れば、黙って待っているほうが結局、得だということを知っているからだ。客の心理を考えてみればわかる。

「遅くなっちゃって、悪いね」

客は金を払って、かつ謝らなければならない。

それに対して、

「とんでもない。いつもご贔屓《ひいき》にしていただいて、ありがとうございます」

とヨイショすれば、末永い客でいてくれることになる。

これが、客商売の機微というものなのだ。それも一流の。

給料から差し引かれる「厚生費」

トイレに行くにも金を取る

ヘルプのカコちゃんは、初ギャラの明細書を見て、首を傾げた。

源泉所得税として十パーセントのほか、「厚生費」として五千円、「旅行積立金」として五千円の計一万円が差っ引かれているのだ。日給一万円で実働二十日。月給二十万円は、手取りで十七万円であった。

この月はチップが八万円ほどあったので、総収入こそ何とか二十五万円になったが、それにしても、「厚生費」と「旅行積立金」の一万円は、日給に相当する。これは痛い。

「この厚生費って、何ですか?」

カコちゃんが先輩ホステスに訊《たず》ねてみると、

「トイレットペーパー代。あと、待機中に飲むウーロン茶代とか、そんなお金ね。店によっては管理費なんて言ってるところもあるけど」

トイレに行くにも、店はホステスからお金を取っている!

「旅行積立って、どこか行くんですか？」

「さあ。私はこの店に来て五年になるけど、旅行なんて一度もなかったわね。毎月、積立金は差っ引かれているけど」

「それって、ヘンじゃないですか！」

「バカねぇ。それが銀座の〝慣習〟なのよ」

と苦笑しながら、解説してくれた。

厚生費（管理費）は三千～五千円が相場。一万円も取る店もあるようだが、こういう店は経営が苦しいはずなので、移る準備をすべし。また、こうした〝経費〟を取らない店もあるが、珍しく良心的な経営者だと思ってよい。

旅行積立に関しては、もちろん実際に年に一回ほど旅行する店もあるが、女性の出入りも激しい〝村〟だから、結果としてかけすての〝店の余録〟と思っていいだろう。

この説明を聞いて、

「それって、やっぱりヘンですよ」

と、カコちゃんが憤慨《ふんがい》すると、先輩ホステスがやんわりと、

「お勘定書きを見てごらんなさいよ。テーブルチャージだ、タイムチャージだ、ボーイチ

ヤージだって、あれやこれや、もっともらしい名目をつけて、高いお金を取っているじゃないの。これがこの業界なのよ」

ホステスに対しても例外ではないのだと、諭《さと》すのであった。

「お時間よ」と言うママのセリフの意味

この合図でタクシー代を節約

夜の十一時というのは、客にとって微妙な時間だ。

ハシゴするか、目の前に座っている若い女性を口説《くど》いて飲みにいくか、それともたまには早く帰って女房のご機嫌を取るか。

迷いと決断の時間——それが十一時なのである。

ところが、客のそんな逡巡《しゅんじゅん》を無視するように、ママがテーブルにやってくると、

「○○ちゃん、ぼちぼちじゃない？」

と、声を掛ける。

「あらっ、もうそんな時間ですか。ご馳走《ちそう》さまでした」

彼女はペコンと頭を下げて、いそいそと帰っていくのである。

ア然《ぜん》とする客に、ママがニッコリ笑って、

「あのコ、埼玉に住んでるのよ。電車、なくなっちゃうでしょ。だから」

と、フォローする。

客に時間を意識させないようにと、腕時計さえ禁止されることもある銀座ホステスが、閉店《カンバン》前に客より先に帰るというのは本来あり得ないこと。「お先に失礼」の彼女たちは、プロではなく、女子大生やOLといったバイト嬢なのである。

この不景気で、銀座も中流クラス以下の店は、安価な経費のバイト嬢をたくさん雇って、〝数で勝負〟する傾向にある。彼女たちは「壁の花」と言われ、接客術も何もあったものではないが、可愛いコちゃんばかりなので、客はそれなりに満足している。

ただし、店にとって問題は、タクシー代だ。閉店まで働かせると、深夜帰りのタクシー代を負担しなくてはならなくなる。まして帰宅先が千葉や埼玉になると、ン万円。これではバイトを雇う意味がなくなる。

そこで、遠距離に帰るバイト嬢には、十一時をまわると、

「ぼちぼちじゃないの？」

と、帰宅をうながすという次第である。

もちろん、バイト嬢が、

「そろそろ時間ですので」

と、客に告げてもかまわないのだが、それでは客は興ざめ。

酔っていれば、

「何だ、もう帰るのか。もう来ねえぞ」

と、カラむこともある。

客の帰宅方向を知っていて、女性たちに「あなた、〇〇さんに送っていただきなさいな、同じ方角だから」などと、上手にタクシー代を浮かせようとするママもいる（いい客なら女性も喜んで、もしかしたら帰りに食事にも付き合えるし……）。

「でもね」と、溜《た》め息《いき》をつくのは、さるママである。

「最近の若いコはドライと言うのか、気がきかないのと言うのか、〝時間よ〟って言うと、待ってましたとばかり席を立っちゃうんだから。お客さんの手前、冷や汗かいちゃうわ

よ」

いやいや帰るフリをするくらいの気遣いが欲しいと、嘆くのだが、もとはと言えば、素人《しろうと》を安く使おうとするところに無理がある。

まして、タクシー代を節約するために帰宅をうながすとあっては、バイト嬢がドライになるのも当然だろう。

店によっては、六、七人ものヘルプ嬢が、

「ご馳走《ちそう》さまでした！」

嬉しそうな顔をして、一斉《いっせい》に帰っていく。

——オレは、ここで何してるんだ？

残った客の顔には、そう書いてある。

一年中、「特別デー」を設定する

飲み切りのシャンパンがご祝儀《しゅうぎ》

店をあげて気合いの入るイベントが、ママの誕生日だ。通常、ママの誕生パーティーは三日間。店内は、客から贈られた花でびっしり埋め尽くされ、

――あっちでポン！　こっちでポン！

シャンパンの弾《はじ》ける音が絶え間なく続き、それぞれのテーブルで、歓声と嬌声《きょうせい》と拍手がわき起こる。

シャンパンは最低でも五万円。ドンペリのロゼなら二十万円はする。これに高級ワインもどんどん抜かれるのだから、売上たるや大変なものだ。ちなみにシャンパンやワインは、ウイスキーやブランデーと違って取り置きができず、飲み切りなので、店にとってはオイシイのである。

だが、ここまで誕生日を盛り上げるには、準備が大変だ。客に手紙を出すのはもちろん、

「ご来店をお待ちしています」

と、足を運んで挨拶《あいさつ》にまわる。

もちろんホステスたちにも、客の動員がかかる。何しろママの誕生パーティーは、ママと店のメンツがかかっているだけに、最重要イベントなのである。

だが、ホステスたちの本音は、冷ややかなものだ。

「ママの誕生日、クリスマス、正月、バレンタイン、おひな様に、ゆかた祭り、七夕祭り……。これに開店○周年記念だのでしょう。言っちゃ悪いけど、一年中が〝特別な日〟だから、お客さんは来店のたびにご祝儀。しかもパンクするときは、閉店パーティーで、これもご祝儀。ちょっとやり過ぎじゃないかと思うわよね」

しかし、こうしたお付き合いができないと、客も〝銀座でいい顔〟はできない。

だから、金もかかるのである。

若いママが銀座で店をオープンできる裏事情

又貸しで敷金、権利金一切なし

このところ、銀座では、若いママが相次いでクラブをオープンしている。

「どうせ、いい旦那《だんな》を見つけたんだろう」

「でなきゃ、このご時世に、あの若さで店が出せるわけねえよ」

世間はいろいろ言ってくれるが、実は「このご時世」だから、店が出せるのだ。

なぜか。

又貸しするからである。

古参経営者のA社長が、そっと教えてくれる。

「ウチのクラブ『Z』は、家賃五十万。ところが、売上が芳《かんば》しくなくてね。そっくり七十万円で、I子ちゃんに貸しちゃったんですよ」

酒やグラス、看板はもちろん、ホステスまですべて現状のまま、I子ちゃんは借り、クラブ『Z』のママとして営業を始める。大家にはもちろん内緒だから、敷金も権利金も一切不要。月末にA社長に支払う家賃七十万円と、ホステスの保証分を売り上げればいいわけだ。そのホステスを入れ替えるのも、もちろん自由である。

A社長は、大家に五十万円の家賃を払い、差額の二十万円が儲けとなる。しかも、使った酒は、Iママが補充する。

「ヘタに店やって赤字を出すより、このほうがいいんですよ」

とA社長が言えば、

「身一つ、しかも手持ち金ゼロで店を出せるんですからね。ありがたいですよ」

とIママが言う。

双方めでたし、というわけである。もちろん自信があれば、の話だが。

さらに又貸しも、いろいろあって、「同じ店を、同じ店名のまま、違う経営者」という方法もある。

たとえば、X社長が家賃五十万円で借りているクラブ『Q』を、夜の十二時から五時まで、別の人間にそっくり貸してしまうのだ。家賃は、営業時間が深夜なので、客の入りを考えて二十五万円。しかも酒は深夜借りた人が補充する。これでX社長は、家賃を半額、二十五万円を浮かせることになる。

「どうせ十二時には店を閉めちゃいますからね。だったら、その後を貸したほうが得じゃないですか」

もちろん又貸しは契約違反だが、それを承知で店を借りたママは、

《平素よりお引き立て、ありがとうございます。このたび銀座七丁目にクラブをオープンし……》

なに食わぬ顔で案内状を出すというわけである。

才能を見抜くスカウトマンの眼力

ホステスに投資する店は伸びる

いま銀座ホステスは、買い手市場だ。

この不況下にあっては、在籍している女性の数こそ多いものの、稼げる女《コ》は少ない。

一流クラブのホステスでも、売上につながらなければ容赦なく切り捨てられ、一流↓二

流→三流へと右肩下がりで落ちていく。逆に稼げる女性は、各店から引く手あまたで、三流→二流→一流へと右肩上がりで伸びていく。実力主義と言えばそれまでだが、銀座も一般企業と同様、余剰人員を抱える余裕がなくなったということである。

だから、広く人材を求める。

一流の売れっ子を引き抜くのが手っ取り早いが、保証（日給）が高く、費用対効果ということから言えばウマ味は少ない。むしろ将来、大バケしそうな素人《しろうと》を安く雇ったほうが店としては儲かるし、客の目先を変えることもできるというわけだ。銀座クラブの多くが、求人誌に広告を出し、素人を広く浅く集めるようになったのには、そういう背景があるわけである。

「まっ、理屈ではそうなりますがね」

と、苦笑するのは、ベテランのスカウトマンだ。

「水商売の経験のない本当の素人サンは、アルバイト感覚で入ってくるんですよ。だから長続きしない。簡単にやめてしまう。一ヶ月働いて給料をもらったら、そのまま来なくなるコはざらにいますよ」

このテの素人サンは、弁護士事務所や会計事務所など、昼間は意外と堅い仕事について

いる女性が多く、生活には困らないので、ちょっと店でイヤなことがあると、すぐに、

「やめようかな」

と考えてしまう。もちろん、売れっ子ホステスとして大バケするコも中にはいるが、宝くじを買うようなものだと、このベテランは言う。

「私たちに言わせれば、求人広告などという安易な手法を取らないで、多少の費用はかかっても、スカウトマンの眼力に頼ったほうがはるかに得だと思います」

ちなみにスカウトマンのことを「開発」と呼ぶ。待遇は、歩合制か給料制のどちらかだが、歩合制の「開発さん」は、どうしても質より量に走ってしまうので、連れてくる女のコは玉石混淆《ぎょくせきこんこう》というリスクがある。

その点、給料制で働く「開発さん」は、量にこだわる必要がないので、眼鏡《めがね》にかなった女性を、じっくりと観察して口説《くど》けるわけだ。

ただし、店にしてみれば、スカウトの成否にかかわらず、毎月固定給を支払わなければならないが、これを「投資」と位置づけて積極的に展開する店は、確実に伸びていく。なぜなら銀座クラブは、ホステスという人材こそが勝負だからだ。

そして稼げる女性は、自分が「人材」としての評価を常に下されているということを客

観的に判断できて、日々の仕事に取り組んでいるのである。

ママは毎日、〝首切り〟のためのアラ探し

年増一掃のため、わざと閉店することも

首切り役にも世間は同情したものだ。

「肩を叩《たた》かれる部下もつらいが、叩く上司もつらいものだ」

と、リストラという言葉が使われ始めた当初は、首切り役にも世間は同情したものだ。

実際、上司も悩んだ。

何日も眠れぬ夜を過ごし、清水《きよみず》の舞台から飛び降りる覚悟で肩をポンと叩いて、

「ちょっと、話があるんだけどね」

引きつった顔で声を掛けたものだ。

「銀座村」は不況でも、店を続ける限り、基本的にリストラはない。

女性がいなければ、商売が成り立たないからだ。

そのかわりホステスの新陳代謝《しんちんたいしゃ》は、以前にも増して積極的に行われる。リストラできない以上、人件費が安くてデキのいいホステスを求めるのは当然なのだ。そして、会社のように、首切りで悩むようなヤワな経営者はいない。いや、そんな神経では、生き馬の目を抜く銀座で、ママなど務まるわけがないのだ。

新陳代謝を図《はか》るためにいつクビにするか、ママによってはアラ探しの日々と言っていいだろう。同伴ノルマや遅刻などで何度も罰金をくっている女性や、売上ノルマに達しない女性は、真っ先にその対象である。

だがストレートにクビだと言ってくれれば、そのときはショックでも、踏ん切りがつく。

（よし、見てろ）

と、発憤《はっぷん》する人だっているだろう。

そういう意味では、性格のいいママさんだと言っていい。

なかには、こんなママもいる。

クビにしたい女性を呼んで、

「この不景気じゃ、もう無理だわ。閉めることにしたから、悪いけどやめてちょうだい」

店を閉めるのならしょうがない。ホステスは仕事を探して移った。

ところが、閉めたはずの店は、いつまで経っても営業を続けている。

(騙《だま》されたんだ！　くやしい！)

彼女は、ホゾを噛《か》むことになる。

スゴ腕のママになると、マジで閉店してしまう。ギャラばかり高くなって、売上の落ちてきた年増ホステスのクビを切るのが狙《ねら》いだ。そして彼女らを一掃したところで、今度は安くて若いコを中心に、賑々《にぎにぎ》しく開店するわけである。

だが、いくら非情な世界とは言え、銀座は狭い村だ。路上で顔を合わすことも少なくない。横のつながりも多く、悪いウワサほど速いもの。

ならば、リストラも方便で、もっとスマートにやるのも一法だ。

「これまで頑張ってもらったんだけど、なかなかお客様の支持が得られないみたいね。ウチじゃ、ちょっと無理みたいだから、ほかのお店で頑張ってちょうだい」

こういう言い方をすれば、彼女は自分の非力を反省し、ママに対して怨《うら》みが残らない。

路上や喫茶店などで会えば、

「元気？」

「ママは？」

といった会話もできる。

移った店で成功すれば、感謝さえされるだろう。

人を使う立場の人間は、人望が一番の財産である。

売れっ子は、〝情〟で縛って移籍封じ

慰安旅行と称して海外旅行

これまで繰り返し記してきたように、売上ホステスは、お店というスペースを借り、自分の客をそこに呼んで商売をして、店に約束した数字を納める。保証という名の給料は、売上のキックバックなのである。

ホステスが店を移るということは、客を持ったまま、別の場所で商売をするということなのだ。彼女だけでなく、客も抜ける。これが店にとっては痛い。だから、当然のごとく

売れっ子に抜けられては困るのだ。

保証など、金銭面の条件をアップして引き留《と》めるのも一法だが、その分店の出費がかさむので、得策ではない。自分の着物や高級バッグをプレゼントするママや先輩もいるが、喜ぶのはもらったときだけ。いつまでも感謝してくれるわけではない。

知恵の回る経営者は、海外旅行に連れていく。「社員の慰安旅行」と称して、従業員たちみんなで行くのがポイントで、旅先では連帯感が強まる。もちろんママも、積極的に親愛の絆《きずな》を強調する。

つまり、

(自分が抜けて、店や仲間に迷惑をかけちゃいけないな)

という気分にさせるのである。

もともと給料から天引きで旅行積立をしているのだから、東南アジアや、ハワイあたりであれば、旅費そのものはたいして店の持ち出しにはならないのだが、海外旅行というところがミソなのだ。

外国への旅行は、やはりゴージャスというイメージがあり、

「わざわざ高い経費を使って連れていってくれた」

と、嬉しく感じると、ホステスの多くは口をそろえる。

こうして〝情〟で縛り、一日でも長く店にいてくれるようにするのが、賢いママのやることなのである。

経営者は、ホステスを使い捨てだと思っている。

非情だと言っているのではない。

企業論理から言えば、それが当たり前なのだから。

有能なママは、それをしっかりと認識し、〝情〟を演出することで店の売上を伸ばそうとする。

「ママって、本当はいい人」

などとノンキなことを言ってるような女性は、大成しない。

ビジネスとは、客との戦いであり、経営者との闘いなのである。

にっこり笑って、したたかに――銀座クラブに働く者の心得である。

美女群にわざと醜女《ブス》を混ぜるママ

客がリラックスして、店も繁盛

——ナニィ！　これが銀座のコ？

そういうホステスが、たまにいる。

「よくそれで日本一のギンザで務まるな」

「あら、悪い虫がつかないようにって、お母さんがわざわざこの顔に生んでくれたんだから」

機転がきいて、性格も明るいから、テーブルはいつも笑いが渦《うず》巻いている。

だが、どう見ても可愛いくはないから、本当の意味で主役にはなれない。

酒の肴《さかな》としての人気である。

だから、指名・本番の女性たちからも重宝され、可愛がられるというわけだ。

実は、冴《さ》えてる経営者は、こうした〝不美人〟をわざと採用する。在籍女性たちのうちの二〜三割といったところだろうか。つまりホステスがテーブルに三人つけば、一人は醜女というわけである。

なぜか。

「お客さんが安心するんですよ」

と解説してくれるのは、六～七丁目で二軒のクラブを経営するN氏だ。

「銀座と言えば、整形美女みたいな、本格的な美人が多いじゃないですか。しかも、いい洋服を着て、話題も高尚で、垢抜《あかぬ》けている。そんな女性たちに囲まれちゃうと、気後れするお客さんもいらっしゃる。特に上京してくる地方客は、緊張してしまいます。ところが、不美人を一人混ぜておくと、お客さんも気が楽になる」

かくして会話が弾み、席がなごむ、という仕掛けだそうである。

しかも下ネタなど、美人が口にするとシャレにならないで、淫靡《いんび》な雰囲気になってしまうが、醜女だと冗談になる。客も美形も、そういう女性が一人混じっているだけで、エッチな話題もシラケることなく、普段どおりに遊べるというわけである。

「野球のピッチャーにたとえれば、美人が速球で、彼女たちはスローカーブ。スローカーブがあるから、速球が生きてくるんです」

N氏の説く〝醜女の効用〟である。

「○○商事」の領収書でカムフラージュ

クラブ遊びがバレない社名に

電子機器メーカー販促部のM課長が、接待費の清算をしようと、溜まった領収書を机の上に広げた。

その中に、《上様／42000円也／㈲ドッキン商事》なる妙な社名の領収書が出てきた。

（ドッキン商事？）と、首を傾げながら領収書の日付を手帳でチェックして思い出した。都内某所のキャバレーで、酔っぱらって友人三人と飛び込みで入った店だった。

だが《ドッキン商事》では、経理には出せず、自腹ということにせざるを得なかった。店に可愛いコがいたので、ちょくちょく利用しようと思っていたが、領収書が落とせないのでは通うわけにはいかない。もし社名が《㈲日暮里商事》といったものであれば……（もともと友人同士で領収書というのが小ズルイのだが）。

実は、銀座クラブも、これと同じなのだ。たとえば『リリィ』だの『グロリア』だの

『シュガー』だのといった横文字の店は、「接待にかこつけて、女目当てに行っているんじゃないのか？」と、会社によっては経理チェックが入ることもある。

その点、『木村』『山下』などといった和名だと、経理もクラブとは気がつかず、いかにも和食の料理屋で、食事の接待をしているように見えてカムフラージュになるが、これも職種による。たとえば、テレビ局などだと、逆に、「仲間内で飲み食いしてるな」とチェックが入ったりする。

独立して店を出すなら、そこをわかっているといないでかなりの差が出る。

店名ではなく、別の名前で法人登記するのも一法だ。たとえば店名を『リリィ』、経営を『中央商事』とすれば、監督部署にも引っかからないだろう。また客が、自社で電話を受けたり案内状をもらう際も、『中央商事』のほうが安全である。

繁盛している店は、実はここまで気を配っているということを、おバカさんは気づかないで毎日を過ごしているのだ。

オーナーママの心中を察して同伴客を確保する

客が来ないときに、いちばんつらいのは、ママだ。

夜の九時を過ぎても、客が一人も来なくて、四～五人のホステスがヒマそうにカウンターでファッション雑誌などを読んでいたら、頭にきて、

「あんたら、一人でもいいから客を連れておいでよ！」

ヒステリーを起こすこともあるという。それほど銀座も、いまは苦しい時代だ。

ヘタすりゃ、客が一人も来ない夜もある。それでも女性たちの保証や光熱費などがかかるのだ。イライラするのは当然だろう。

それでも、上手なママは、

「今夜はだめだわね。さっ、縁起《えんぎ》直しに、みんなで飲みましょうか」

と気遣い、気分転換を図《はか》る。

ホステスの優劣が出るのは、ここだ。

できる女性は、ママの心中を察して、翌日は無理をしてでも同伴で客を連れてくる。ママが喜ぶのは当然で、頼り甲斐《がい》のある女性として、今後も優遇されるだろう。

これに対して、ノー天気なホステスは、彼女の気遣いに甘えるだけで、飲んで歌って、ハイ、お疲れサン。

翌日も同伴なしでシレッとやってきて、

「ママ、今夜も、並木通りガラガラね」

遠からずお払い箱である。

次の日の対応で評価が分かれる

売れっ子の欠勤で、マネージャーは大慌て

午後六時――。

七丁目『J』の吉原マネージャーの携帯電話が鳴る。

ディスプレーに「亜美」の文字。

イヤな予感がする。

「はい、吉原ですけど」

「ちょっと、熱っぽいの。風邪引いたみたい」

「バカヤロー！　這《は》ってでも出てこい！」

と、怒鳴りつけたいのをぐっと我慢して、

「そう。そいつは、いけないね」

と、ご機嫌を取りつつ、

「何とか出てこれないかな。予約が数件入って今日はちょっと忙しいんだよね」

「ウーン、だってェ……」

風邪かどうかはともかく、こういうときは、まず出てこないものだ。ぐちぐち言うのは逆効果。何しろ売れっ子だから、やめられでもしたら、ママにどやされる。

「わかった。じゃ、ゆっくり休んで。明日、よろしくね」

言葉と裏腹に、吉原マネージャーは渋面《じゅうめん》で電話を切ったのである。

と、再び携帯に電話。

今度は、これも人気のアケミちゃんからだ。イヤな予感に、胃のあたりが重くなる。

「頭痛いのよォ」

舌足らずな口調で言う。

「そう。でも、亜美ちゃんが風邪で休むって、いま電話が……」

「亜美ちゃんは休んで、私には出ろって言うの？　ヒドイじゃない」

「いや、そういうわけじゃないけど」

結局、アケミちゃんも休むことになったのである。

皮肉にも、こんな日に限って店は混む。ホステス八人のうち、売れっ子二人に休まれて、吉原マネージャーはてんてこ舞いとなる。

店としては、人気ホステスは保証（日給）が高いので、何人も雇うことはできない。だから数少ない人気者で、いかに効率よくテーブルをまわしていくか——ここがマネージャーの腕の見せどころとなる。

座ってすぐに席を立たれたら客は怒るだろうし、長居させると、ほかのテーブルから文句が出る。客の顔色、テーブルの盛り上がり具合を冷静に見極めつつ、ベストのタイミングで彼女たちをまわすのだ。

ところが、人気の二人に休まれたのでは、どうにもならない。

「すみません」

「風邪らしいんですが」

「いま、別のコをつけますから」

額に汗を浮かべながら、テーブルの間をペコペコ謝って歩くことになる。

そして、翌日。

亜美ちゃんは出勤してくると、

「ごめんなさい。昨日は大変だったんじゃない？」

吉原マネージャーを気遣った。

一方のアケミちゃんは、シカト。

同じように欠勤して、店に迷惑をかけながら、たったひと言の気遣いで、亜美ちゃんは、いいコになれるのである。

売上競争でボロボロになる〝女の戦い〟

ナンバーワンを死守するのはプライド

銀座ホステスは、体調を崩《くず》しがちだ。

店は狭くて空気は悪く、しかも毎晩、接客しながら酒を飲み、煙草をプカプカやられているのだから、彼女たちの身体はボロボロ。さらに、店が終わってから、憂《う》さ晴らしに居酒屋へ寄って飲み直すことも少なくない。睡眠だって短い。

こんな生活が健康にいいわけがなく、ホステスという仕事は命を削って働いていると言ってもいいだろう。実際、病気持ちも多く、慢性の下痢《げり》気味と腰痛はホステスの職業病と言われるほどである。

これがヘルプなら、お気楽だ。

日給こそ一万～一万数千円程度だが、これは客が来なくても保証されている。まったく客が来ないのではヒマをもて余してしまうから、感じのいい客が二～三人ほど来てくれるくらいがちょうどいいと思っている。

しかし売上ホステス――それもナンバーワンクラスになると、そうはいかない。仕事中でも、客の携帯電話にかけまくっている。

「いま、何丁目？『M』？　わかった、待ってて」

店を飛び出すと、小走りに他店にお迎えに行くのである。

なぜ、そうまでして頑張るのか。

ナンバーワンなど目指さなくても、売上の設定を低くすれば、保証（日給）額は低くなるが、その分、身体も無理せず働けるではないか。

「それは、女心を知らないからよ」

と自嘲《じちょう》するのは、かつて大箱の店でナンバーワンを張っていたF江さんだ。

「女の虚栄心。ナンバーワンになったら、そこから落ちるのは屈辱《くつじょく》なの。〝F江さん、抜かれちゃったのね〟と若いコたちの肴《さかな》にされるのは、死んでもイヤ。だから、無理しても頑張る。客の会社が危ないとわかっていても、売掛で飲ませちゃうんですね」

客がパンクすれば、売掛はそっくりホステスが背負うことになるが、ナンバーワンは死守できる。要するにタコが自分の足を食っているのと同じで、身銭を切って数字を合わせているだけなのだ。

それでも自分の手持ち資金がまわっているうちはいいが、資金がショートしたらどうするか。店には入金しなくてはならない。

（お客さんから入金があれば、すぐに返せるから）

そう思って、高利の街金に手を出す。

こうして次第に借金地獄に落ちていき、ある日突然、この街から姿を消すことになる。

自分の心に潜む虚栄心と、どう戦っていくか。

銀座ホステスとして成功するかどうかは、どうやらこのあたりにカギがありそうである。

第3章 「できる女」の顧客管理術

狙った獲物はもう離さない！

一流は、一度きりの客でも名前を忘れない

ある日の夕方、銀座四丁目の三越デパート前――。

「あら、前島さん」

某一流商社の若手キャリアウーマンである前島洋子さん（仮名）は、背後から声を掛けられた。

振り返ると、素敵な女性が微笑《ほほえ》みながら、

「銀座『M』の美土里です」

と、軽く会釈《えしゃく》した。

クラブ『M』――。この店は昨年、上司のA部長に連れられて、一度だけ行ったことがある。女性だけに夜の銀座にはほとんど縁がなく、物珍しさから『M』は記憶に残っており、この女の人の顔は見覚えがあった。

その程度――店で二時間ほど話をしただけなのに、この人は自分の名前を覚えていてく

れたのだ。前島さんは驚き、感激した。

そして数日後。

A部長が、前島さんを伴って、一年ぶりにクラブ『M』に現れると、

「前島クンが、美土里さんの店に連れていけってうるさいんだ」

A部長が笑いながら彼女に言ったのである。

こうしてA部長は、以前のようにクラブ『M』に通い始めることになる。

客の名前を覚えるのは、この商売にとって、イロハのイだ。名刺をもらえば、裏面に、誰と、いつ、どのような状況で来たのかをメモしておく。さらに、人相や特徴的なことがらも。努力家は、自宅の顧客管理ノートと手帳にも控えておく。そうすれば、自然に覚えるものだと、彼女たちは口をそろえる。

そして、何年かぶりに会っても、

「あら、〇〇さん」

と、名前で呼べるのがプロなのである。

いつ、どこで、誰に会うかもしれないのだ。このケースのように、「馬を射って、将を射る」ことだってある。まして客が仕事柄、銀座村を徘徊《はいかい》していれば、顔を合わす確率は

うんと高い。

そのとき客をつかまえるか、逃がすか。

名前で呼ばれて、シカトできる男はいないのである。

客を横取りするのに手段は選ばず

寝取ったほうが勝ち

「ちょっと、アンタ！　昨日の夜、お店休んでどこ行ったのよ！」

クラブ『J』の更衣室。知美さんが出勤してくるなり、ヘルプのユカちゃんを怒鳴りつけた。

「どこって、友達と……」

「トボケてんじゃないよ。バレバレなんだからね！」

「……？」

「飯島さんと歩いてるのを見た人がいんのよ！」

ここまで言われて、ユカちゃんが居直った。

「食事に誘われたから行ったんじゃない。それがどうかしたの」

飯島というのは知美さんの客で、広告代理店M社の部長さん。ヘルプとしてついたのがユカちゃんだった。

出勤してきたほかのホステスたちは、興味津々《しんしん》で成り行きを見守っている。

「食事だってェ！　寝たんだろ！　虫も殺さないような顔して、このドロボー猫が！」

――パシン！

知美さんが鬼の形相《ぎょうそう》でユカちゃんの頬を張った。

「やったわね！　このババァ！」

「ババァとは何よ、このドスケベ女！」

取っ組み合いになったところで、マネージャーがすっ飛んできて止めたのである。

基本的なルールとしては、トラブルを避けるため、ほかのホステスの客を盗《と》ってはいけないことになっているが、そこは客もホステスも色と欲。盗った盗られたは、どうしてもついてまわることになる。

だから売上の女性は、ヘルプを可愛がって手なずけつつも神経を尖《とが》らせる。自分の客が何組かバッティングしたとき、あとを彼女に任せてテーブルをまわることになるが、売上さんは、接客しつつ、任せたヘルプを目の端《はし》でしっかりチェックしていて、客がそのコに名刺でも渡そうものなら、

「ちょっと、私のお客さんだからね」

あとでしっかり念を押しておくのである。

もちろんヘルプも、

「わかってますよ、○○さん」

と、ニッコリ笑って返事をするが、そこは男と女、いろいろとある。いざフタを開けてみたら、ユカちゃんのように、ちゃっかり客とデキていた、ということも少なくない。

だからヘルプの使い方は難しい。普段から可愛がって手なずけておかなければ一所懸命やってくれないし、そうかといって気を許すと、いつのまにか客を寝取っていた、ということにもなりかねない。

だが、結局は、寝取られたほうが負けなのだ。なぜなら、選ぶ権利は客にあるからだ。盗られたら、それはその女性のほうにより魅力があったということ。その女性が太刀打《たちう》ち

できないだけのビッグな女になればいいのだ。そういう志《こころざし》のない売上さんに限って、本業に身が入らず、疑心暗鬼《ぎしんあんき》の目で同僚たちを横目でうかがうのである。

客の持ち逃げを疑う神経質なママには、先手必勝

客の前でOKを得る

「彼女に名刺あげちゃっていいかな」

ママの客であるA氏が、同席したN子ちゃんを見やりながら言う。

「ぜひ、あげてちょうだいな。とってもいいコなんだから」

ママが鷹揚《おうよう》に笑う。

そして楽しいひと時を過ごし、笑顔で彼を見送ってから、ママの表情は一変する。

「いまの名刺、私に返しなさい」

ピシャリと言ったのである。

銀座の売上ホステスは、折に触れて紹介してきたように、店という空間を借りて〝個人営業〟をしている。つまり「店の客」というのは基本的にはいなくて、「ママの客」か「ホステスの客」というのが正解。だからホステスが店を移れば、客も当然、一緒に移っていくことになる。

彼女が名刺を取り上げたのは、N子ちゃんが店を移ったときに〝来てね案内〟を出せないようにするためなのである。特にオーナーママは、「ママの客＝店の客」なので、客の名刺に関してはうるさく言って回収する。

名刺だけでなく、電話も同様で、

「私のお客さんには勝手にかけないでちょうだい」

と、ほとんどのママがクギを刺すが、ホステスもさる者。相手が上客であれば、将来、店を移ったときのためにと、ママに内緒で〝ご機嫌コール〟をしたりする。

ところが客は、そんなピリピリした店の内情を知らないから、

「今日、○○ちゃんから電話もらってね。それで、顔を出したんだ」

オシボリで顔を拭《ぬぐ》いながら、ポロリ。

「ああ、そうだったの」

ママは笑顔を引きつらせることになる。

利口なホステスは、そんなドジは踏まない。

ヤバイと察知したら、

「今日、○○さんに電話させていただきました」

先手を打って、自分から言ってしまうのだ。

電話したことを隠しておいて、それを客の口から言われたりしたら、

（このコ、陰で何かやってるんじゃない？）

疑念を持たれてしまう。わざとオープンにすることで――ママとしては、勝手に電話をかけたことは気にくわないだろうが――疑念をやわらげるようにするのだ。

また、ママが席を外したときに食事に誘われりした場合も、隠すのではなく、

「ママ、お食事誘われたんですけど、よろしいですか？」

と、客の前で了解を求める。

「それはよかったこと。せっかくだから、ご馳走《ちそう》になってらっしゃいな」

ダメとも言えず、彼女は無理にでも笑顔を作ることになる。

「来てねコール」は逆効果

客への電話は、用事に見せかけてかける

この商売の女性にとって、電話は武器だ。実際、売れっ子になると、一日に百本以上――すなわち百人以上の客にかけるケースもある。

問題は、何と言ってかけるか。客にとって鬱陶《うっとう》しいのは、「来てねコール」だ。

「お久しぶり。『Q』のA子です。最近、どうしてらっしゃるんですか。たまには、お寄りくださいな」

こういう直接的な電話は感心しない。「来てね」は「依頼」であり、依頼されると、客は心理的に負担になるからである。

それでも、しょうがないからと店に顔を出すと、客は往々にして不満を抱く。思ったほど、歓待してくれないからだ。いや、それでも歓待はしてくれているのだが、客は「頼まれたから来てやった」という気持ちでいるから、不満に感じてしまうのである。

もうおわかりだろう。

「来てね」

と言わないで、いかに客を来させるか。

つまり、

「しょうがないいいから来てやった」

ではなく、

「行ってやらなきゃ」

という気持ちにいかにさせるか――ここが勝負なのである。

たとえば、クラブ『Z』のN子ちゃんは、

「携帯電話の番号を変える」

という手を思いついた。友達から、番号が変わったという電話をもらったときに、その場で携帯電話のメモリーを書き換えながら、ハタと思いついたのだ。

(ご無沙汰のお客さんには、番号が変わったということを口実にして電話すればいいんじゃないか?)

そうすれば、わざわざ電話をくれたということで、お客さんは喜ぶだろう。それに、番号が変わったと聞いて、そのままにしておく人はいない。誰だってメモリーを書き換えるものだ。

かくして、携帯電話を新規に契約し、「番号が変わりましたコール」をかけまくったのである。

「お久しぶりです。携帯の番号が変わったので、お知らせしとかなくちゃと思って」

来てね——という言葉を一切口にしないところがミソで、ご無沙汰していた客が何人も来店してくれたという次第である。その費用など知れているではないか。

できる女は、来店の〝お礼電話〟は伝言にする

ただし、「ありがとう」は禁句

——ハイ、住菱商事ですが。

「〇〇と申しますが、石田部長様にご伝言をお願いしたいのですが」

——部長ですか？　いま代わります。

「いま、お忙しいでしょうから、ご伝言で結構です。よろしくと、お伝えください」

当人と直接話すことなく、早々に〝お礼コール〟の電話を切る。

これが、できる女の電話術である。

店に来てくれた翌日の〝お礼コール〟は、ふだんかける電話の三倍の効果がある。翌日が鉄則で、何日か経って「先日はありがとうございました」では意味がない。すぐ次の日のそれは、

「わざわざかけてきた」

という印象を客に強く与える。楽しかった昨晩の記憶も鮮明だし。だから効果三倍だというわけだが、ポイントは「伝言」にすることだ。

理由は二つある。一つは、時間の節約。

売れっ子になると、出勤までに自宅から百件は電話する。わずか一分間短縮するだけで百分——実に一時間四十分の節約になる。

しかも〝お礼コール〟は、伝言であれ何であれ、かけてきたという事実が大事なのであって、話の内容は関係ないのである。

二つ目は——これが何より重要だが——本人と直接話をすると、気をつけてはいても、

言葉の端々に〝商売気〟が出てしまい、客もそれを敏感に嗅《か》ぎ取って、興ざめすることにもなりかねない。

これでは、わざわざ手間ヒマかけても逆効果だ。繰り返して言うが、「かけてきた」という事実が大事なのであって、むしろ伝言のほうが余韻《よいん》があり、客は嬉しくなってくるものなのだ。いい印象が残っていれば、再び店に足が向くのは当然のことである。

ただし、伝言で「ありがとう」は禁句。「よろしくお伝えください」とメッセージを残す。そうでないと、店に行ったことが、取り次いだ者にバレバレになってしまうからである。

厚顔に見えて〝営業電話〟は、おっかなびっくり

昼休みにかけるのがベスト

銀座ホステスが出勤前、「客に電話百本」と聞いて、片っ端から電話をかけまくる、い

わゆる電話営業を思い浮かべるとしたら、それは間違い。

電話営業が不特定多数にかけるのに対して、彼女たちは特定の客にかけるのだ。しかも電話営業は、見込みのない相手であれば、無愛想にガチャンと一方的に切っても構わないが、彼女たちはそうはいかない。

さらに、男は飲んでいるときの顔と、仕事をしているときの顔は違う。店では陽気でやさしいのに、昼間は冷たい声で、事務的なしゃべり方をする客もいる。

「会議中だ」

いきなり電話を切られて、落ち込むこともある。

だから、気楽にあっけらかんとかけているように見えて、内心はビクビクという女性も少なくないのである。

・

ちなみにホステスが客に電話をするのは、だいたい午後の三時以降。十二時前後に起きて昼食をとり、ひと息入れて、美容院にセットに行く前の時間を利用して、同伴の〝お誘いコール〟をかけ始める。これが、だいたい午後三時ごろというわけである。

だから午後三時という時間に深い意味はなく、自分の都合でかけているのだ。客の都合を考えれば、昼休みがベスト。仕事の手が空いているということもあるが、それよりもむ

しろ、

（気を遣って、わざわざオレの昼休みにかけてきたんだな）

と、客が思ってくれるところに意味がある。

男というのは、女性の気遣いに対して、〝男気《おとこぎ》〟を見せようとするものなのだ。早い話が、カッコつけたがるのだ。だから気働きの冴《さ》えてる女性は、〝昼休みコール〟をうまく使って、同伴をゲットしているのである。

携帯電話の番号を知ったら、「翌日」にかける

義理と思わせないのが鉄則

携帯電話が普及し始めたころは、女性から番号を聞き出せれば、ナンパは成功とされた。ホステスに対しても同様で、番号を教えてもらうと、鼻の下を伸ばしたものだ。つまり、携帯電話は、プライベート・オンリーだったのである。

最近は、それが仕事に欠かせなくなってきて、名刺に番号を刷り込むビジネスマンが多くなってきたが、銀座ホステスもいまはほとんどがそうしている。首尾よく客の鼻の下が伸びて電話がかかってくれれば、同伴にゲットしようというわけだ。

もっとも、

「今度、電話するからね」

と、名刺をもらったときには盛り上がるものの、実際にかけてくる客は一割にも満たない。

理由は前項と同じ。女性が緊張しながら〝営業電話〟をかけているということを紹介したが、客の心理もそれと同じなのだ。酒の入ったハイな状況ではないのだから。

――○○だけど。

「はい、どうも、先夜はありがとうございました」

――映画へ行こうかって話だけど。

「映画？」

――ほら、今度の日曜日に行こうかって。

「そんなこと、私、言いましたっけ？」

こういう結果になることが、客は怖いのである。

酒席の話を真《ま》に受ける客がヤボなのか、ヤボな客に、適当なことを言ってその気にさせるホステスが悪いのか。だが一つ言えることは、この客は二度と店には来ないであろうということだ。電話をかけてくる客の心理さえ知っていれば、返答次第で、いい客になるかもしれないのに、である。

逆に、客が自分の携帯の番号を教えてくれたときは、翌日、来店のお礼をかねて、即実行だ。客にしてみれば、酒席の戯《ざ》れ言《ごと》。まさか本当にかかってくるとは思っていないから、

(ひょっとして、オレに気があるのかな?)

と、まあ都合よく勘違いしてくれる。

勘違いしてくれれば、手玉に取ったも同然で、あとは持ち前の気配りと笑顔と、もうひとつ期待感とで、じっくり攻めればいいわけである。

ただし、電話をかけるなら、「翌日」が鉄則である。翌日なら、来店のお礼という大義名分があるが、これがたとえば一週間後であれば、客は〝来てねコール〟だと、ビジネスライクに、冷静に受け取ってしまうだろう。

これでは、せっかく教わった電話番号を、売上に活《い》かせないわけで、絶好のチャンスを逃がすようでは、「できない女」になってしまうというわけである。

〝ここ一番の客〟を何人持つかが勝負

「お客様は神様」に見えるとき

世間では「二八《ニッパチ》」と言って、二月と八月は景気が悪い。

銀座はどうか。

もっと悪い。

一月、二月、五月、八月――一年の三分の一が不景気だと、経営者もホステスも渋い顔をする。一月は正月明けで実働日数が少ないし、二月は二十八日まで、五月は連休、八月はお盆に夏休み。これに、やたらと政府が祝日を制定するものだから、

「冗談《じょうだん》じゃないわ。政府が連休ばかり作るから、夜にも響くのよ」

と、ヤケッパチの声も聞こえてくる。銀座の売上が厳しい月は、世間で言う二八に一月と五月を加わえて、「一五二八《イチゴンニッパチ》」なのである。

だが、売上の女性は、「一五二八」だからといって、ノルマを達成しなければ給料はダウン。店からも冷たい視線が。サラリーマンのように、不景気をボヤいて事足れりというわけにはいかないのである。

そこで、どうするか。

「お願い、助けて！」

客に、ＳＯＳである。ここ一番のときのために、普段は決して無理を言わず、電話もめったにしないで取っておいた〝切り札〟である。

たとえば、大会社のエライさんで、太っ腹で、男気のある客だ。

ダボハゼのように食いついたのではなく、あせらず、時間をかけ、じっくりと信頼関係を築いてきた客だ。

年に一、二度の頼みなら、まず間違いなく助けてくれる。

「お願い、今月ピンチなんです」

「よし、わかった。誰か行かせる」

もちろん本人も来てくれるが、別の日に部下四、五人を寄こしてくれたりする。このときは、文字どおり、お客様が神様に見えるという。

「でもね」

と、しみじみ語るのは、銀座歴十年という七丁目『B』の和子さんだ。

「確かに、ここ一番のお客さんが何人かいてくれるから助かっているんですが、でも振返ってみれば、そういうお客さんだけでなく、〝枝葉《えだは》〟のお客さんに生かされることもあれば、たまたま大人数で使ってくださるお客さんがいたりして、いろいろな形で助けられているんですね。毎月、誰かさんのお陰で生かされている——銀座村に十年住んでみて、ようやくそのことに気がつきましたね」

客は、お金をむしり取る対象ではなく、自分が銀座ホステスであり続けるためのパートナーであるという認識を持ったときに、女性たちはさらなる成長を遂《と》げるのである。

“銀座の女”の顧客台帳を初公開

深夜にせっせとデータ作り

お酌《しゃく》をして、会話のお相手をして、客を満足な気持ちにさせて帰す。

これがホステスの仕事だ。

資格がいるわけでもなければ、専門技術が必要なわけでもなく、やろうと思えば誰でもできる。しかも、高給取り。銀座というステータスもある。オイシイと言えば、これほどオイシイ仕事はないだろう。

ただし、それは、目に見える部分での話。

つまり「客が来てくれて初めて成り立つ仕事」であるということだ。

オイシク見えるのは、海面に突き出ている氷山の一角のようなもので、全体のわずか七分の一でしかない。水面下に隠れて見えない部分——すなわち客に来てもらうための努力が、七分の六というわけだ。外見やイメージはどうあれ、努力と忍耐と苦労で成り立っているのが、この職業なのである。

「稼ごうと思ったら、並のことをやってちゃ、とっても無理ね」

と語るのは、銀座歴八年のツヤちゃんだ。

「夕方から同伴して、夜中の二時までアフターにお付き合い。帰宅してシャワーを浴び、お化粧を落としてから〝顧客台帳〟の整理。その日の来客とデータを記入して、寝るのは明け方。そして翌日は、美容院に行く前に、お客さんに電話をかけまくる。なかなか自分の時間なんかとれないんです」

そのツヤちゃんの顧客台帳を次に紹介しよう。売上ホステスというのは、店という場所を借り、売上ノルマを担保に個人で商売をする、いわば〝テキヤ商法〟だ。売上管理から集金関係、店への入金など帳簿的な項目はもちろん、客に関するパーソナルデータまで記入するなど、彼女たちは各自それぞれ工夫を凝らしている。

ちなみにツヤちゃんの在籍するクラブ『T』は、料金的には銀座の中流クラスであり、参考のための一例であることを念頭に置いて、表（一六一ページ）を見ていただきたい。

顧客台帳は、店の伝票と合わせた《売上一覧表》と、請求書を送った客を対象とした《入金チェック表》に分けて記入してある。《売上一覧表》は対店との台帳で、項目は、表のように来店した日、社名、代表者（指名客）の名前などが記入されているが、《店売り》

というのは、歩合の対象になる金額で、これに消費税五パーセントを加算した《総売り》が、店と約束した売上ノルマとして集計される（ただし、それぞれ総売りから三千円がサービス料としてホステスの懐《ふところ》に入る）。《入金チェック表》は対客との台帳だ。来店日、社名、代表者の項目は同じだが請求額、入金日などが記入され、誰が、いつ、いくら遣い、いつ請求書を発送して、いつ入金したか、ひと目でわかるようになっている。誰がヘルプについたか、そのコはどうだったかなどを、備考欄に入れる場合もある。

以上は一例だが、店によって客の格やシステムが違うこともあり、顧客台帳の作り方は各自でいろいろ工夫されている。客別に欄を作り、誕生日、盆暮れの贈答品、趣味、家族構成、役職、さらに一緒に来た客（社内での派閥）、話の内容をメモする女性もいる。また、どのホステスに何人客が来たかをつけて、自分の励みにする頑張り屋もいる。

銀座の売れっ子たちは、白鳥の水掻《みずか》きにも似て、目に見えない水面下で必死の努力をしているのである。

売上一覧表

月/日	社名	代表者	SET	連れの客	ボトル	店売り	TAX5%	総売り	支払い	サービス料	請求額	備考
5/7	(株)芝工機	井上	2	佐藤	ブレンド オブニッカ	47,000	2,350	49,350	送	3,000	49,350	
5/8	片山産業(株)	内山	5	小林 赤塚 藤原 西村	ビール5 炭酸2	52,000	2,600	54,600	送	3,000	57,750	出前 ¥3,150 立替
5/8	青山商事 送別会	高崎	7	樫山/小川 宮島/横山 大木/ 佐々木	スーパー ニッカ	89,470	4,470	93,940	送	0	93,940	4社で 割る
5/9	(株)山内化成	山川	2	青木	ヘネシー	52,800	2,640	55,440	JCB	3,000	58,220	カード 手数料 5%
5/10	(株)モリモト	森本	2	寺山	——	26,800	1,340	28,140	送	0	33,140	タクシー代 ¥5,000 乗せる

＊SETは、客1人あたりのセット料金（この店の場合は24ページの料金形態とは異なり、チャージ料込みの１人分の料金を設定）の数。支払いの欄の「送」は請求書送付の意味。総売りがホステスの売上として計上される。その内、サービス料はホステスの取り分となる。（0と表示されているのは、客との関係でホステスがオゴったケース）

入金チェック表

月/日	社名	代表者	請求額	送付日	伝票番号	入金額	入金日	サービス料	備考
5/7	(株)芝工機	井上	49,350	5/10	1	49,350	5/16	3,000	
5/8	片山産業(株)	内山	57,750	5/10	2	57,750	5/20	3,000	出前 ¥3,150 立替
5/8	青山商事 送別会	高崎	93,940	5/10	3			0	4社で 割る
5/9	(株)山内化成	山川	58,220	JCB カード	JCB カード	58,220	5/9	3,000	カード 手数料 ¥2,780
5/10	(株)モリモト	森本	33,140	5/11	4			0	タクシー代 ¥5,000 乗せる

＊入金チェック表は、客からの支払いをチェックするための対顧客との台帳。

中小企業のオーナーは〝お水っぽい服〟が好み

連れて歩くのがオヤジの勲章

八丁目のクラブ『Q』に勤めるマミちゃんは、元レースクイーン。ついこのあいだ六本木でスカウトされた新人だが、彫りが深く、プロポーションもバツグンで、マミちゃんが席を立つときの姿は、まるで若鮎《わかあゆ》がハネるようだった。

そのマミちゃんが、店の同伴日にゲットしたお相手は、大手商社の部長さん。初めての同伴とあって、マミちゃんは気合いを入れ、超ハデハデの真っ赤なミニスカートで、待ち合わせの銀座八丁目の三井アーバンホテルへ出かけた。

ティールームに入っていくと、部長さんは先に来てコーヒーを飲んでいた。

「お待たせしました」

微笑《ほほえ》むマミちゃんを部長は一瞥《いちべつ》すると、

「オレと同伴するときは、そんな格好しないでくれ」

ミニスカートに顎《あご》をしゃくりながら、意外にも不機嫌そうな顔で言った。

マミちゃんは新人なのでうっかり知らなかったが、例外なく、ほとんどの社用族は同伴に際して、「ディス・イズ・ザ・銀座ホステス」という格好はイヤがる。

「なあんだ、同伴だな」

と思われたくないのだ。

しかも、同じ社の人間や、取引先に見られでもしたら、何を言いふらされるか、わかったものではない。だから気働きのできる女性は、こうしたタイプの客と同伴するときは、営業用の洋服は別に用意しておいて、キャリアウーマン然とした格好で出かけるというわけである。

これと逆が、いわゆる中小企業のワンマンオーナーである。

フツーの、たとえば地味な洋服で同伴しようものなら、露骨《ろこつ》にイヤな顔をする。

なかには、

「着物姿で来てくれよ」

と、注文をつける男も少なくない。

彼らにしてみれば、

（どうだ、オレもやっと銀座ホステスとメシを食えるようになったぜ）

と、周囲に見せびらかしたいのだ。

彼らにとって銀座でいい女と歩けるのは勲章なのだ。それなのにフツーの格好で来られたのでは、同伴する価値がない。だからできるホステスは、その心理を読んで、「ザ・銀座ホステス」という超ハデなファッションで出かけるというわけである。

ついでながら、一部上場企業の役員クラスの中にも、「このタイプ」を好む男性がいる。そういう男性のために、ロングドレスなどで着飾ると、さすがにその日は電車では来られないのでタクシー代を奮発することにもなるが、損して得とれだ。

彼らは、

「いかに金のかかる、いい女を連れているか」

ということを自慢したいのだ。

中小企業のオーナーにとって銀座ホステスが〝勲章〟なら、役員クラスにとっては〝高級アクセサリー〟ということになろうか。

同伴のときの服装だけをとっても、他所《よそ》とはちょっとちがう街ということだ。

食事のときに喜ばれる会話

店に入ったら遠慮と気遣いで勝負

「こんな高い店でなくてもよかったのに」

何気ない気遣いを見せるひと言にグラリときた、と語るのは、大手機械メーカーM社の部長である。

お相手は、六丁目の『I』に勤める亜矢ちゃん。入店前の食事にと帝国ホテル地下にある『なだ万』に入ったときに、そう言ったのだそうだ。《おまかせ懐席》が一人二万七千円。日本酒をちょっと飲《や》って、ウン万円という高級和食店である。

「でも、亜矢ちゃんのように気遣ってくれると、いくら高くても惜しくないよね」

と、部長はヤニ下がるが、これが反対に、

「『なだ万』もご無沙汰だわ」

連れていけとばかりに催促されると、

（てめえの金で食ってみろ）

と、腹立たしくなってくる。

これが、男の心理なのだ。男は、気遣われることに弱い。気遣われれば気遣われるほど、

「なに言ってんだよ。さっ、食べた、食べた」

太っ腹になっていくのである。

わざと安そうな店にして相手の女性の反応をうかがう客もいるからご用心（どちらにしてもご馳走《ちそう》になるのだから笑顔で満足そうに）。

この微妙な心理を知っておくことがまず肝心だ。

贈り物も、手を抜くと客が逃げる

同じ部署に同じ包みのお中元が……

今年七月、お中元シーズンのことだ。

大手機械メーカーのZ営業部長は、夕刻、得意先から帰社して唖然《ぜん》とした。出払った部員二十余名の机の上に、髙島屋の、同じような小さな包みがズラリ、置かれていたのである。

「これ、どうしたんだ？」

Z部長が女子社員に訊《き》くと、それぞれ個人宛に配達されてきたもので、先ほど総務の人間が来て配っていったのだと言う。

自分の席にも同じ品物がある。

「お中元」の熨斗紙《のしがみ》がついている。

差出人を見ると、「吉田○○子」。銀座五丁目『F』のママである。包装を解《と》くと、ブランド物の靴下の詰め合わせ三足セットが入っていた。

（とすると……）

なんと、部下のほとんどが『F』に出入りしていることを、Z部長はこのとき知ったのである。

彼らの何人かと店で顔を合わせたことはあるが、まさかここまでとは……。大箱の店でもあり、意外に鉢合《はちあ》わせしないものである。それにママも、誰それが来ているという話は、同じ社の人間にはしない。お互いが敬遠して、来なくなるからだ。

ところが、お中元でバレてしまった。

これでは部員たちも、接待にかこつけて飲みに行くわけにはいかず、『F』から足が遠のいていくのも当然だろう。○○子ママはわざわざお金を遣って「お中元」を贈って、客を——それも大量に——逃がしてしまったことになる。

「贈ればいい」という発想がだめなのだ。同じ髙島屋の包みでも、大きさが違えば、お中元のシーズンなので、同一人物からのものとは思わない。そういう配慮が、この女性には欠けていたということなのである。

ちなみに売れっ子の一人である七丁目『I』の美里さんの贈答術を、次に紹介しよう。

「以前、私は〝靴下派〟で、それぞれお客さんの洋服の好みに応じて、靴下を選んで贈っていたんです。上司は三足入り、部下は二足入りで上司より小ぶりな箱にするなど、気を遣いましたね。

でも、洋服の好みに合わせた色を選ぶのって大変なの。それなのに、お客さんは、私が頭を悩ませているなんてことを知らないものだから、〝靴下は実用的でいいんだけど、月並みかな〟なんてね。

それで、靴下はやめて、いまではお客さんの八割に一万円相当のビール券です。これも月並みですが、かさばらなくていいし、ジュースなどにも換えられるので、奥様にも喜ばれるようです。

飲めない人には、お茶や塩こぶなど、あまり重くないものを心がけていますが、〝おっ、これ好物なんだ〟と喜んでいただくためには、何が好みなのか、さり気なく聞き出しておくことです。さり気なく――のコツは、急がないこと。雑談のなかで訊《き》くことですね。お客さんに意図を察知されては、意味がありませんから」

また、親しい客であれば、ありきたりのものより、高級醤油や味噌、沖縄の塩など生活に役立つものを贈るのも手だ。上司・同僚にもあげられるし、家に持ち帰って喜ばれるだけでなく、カッコをつけないところに親近感を感じるのである。

意外と不評なのが、ネクタイだ。ネクタイは趣味があり、しかも気に入ったネクタイというのは、何十本持っていようがほんの数本しかなく、気に入らないものは絶対に締めないのが男である。

だからネクタイは、プレゼントされて気に入るということは、まずないと思っていいだろう。しかも、もらえば、儀礼として締めなければならない。これが男には鬱陶《うっとう》しいのである。ベルトもしかり。バックルのタイプに、男は意外とこだわるのである。

また、客によっては、家に持ち帰って、奥さんがあまりいい顔をしない人もいる。こういう場合は、二人で三万円程度のお店の〝食事券〟を自分で作り、「一ヶ月間有効」と書いて贈るのだと、美里さんは言う。

「会って一緒に食事して、コミュニケーションを深め、さらに同伴ということになれば、一石二鳥ですから」

高級クラブのナンバーワンともなると、盆暮れの贈答で五十万円は遣うが、ただ贈ればいいでは、捨て金だ。プレゼントは投資と考え、何を贈れば最高のリターンがあるか、〝利回り〟を計算するのがプロなのである。

源氏名は、銀座村に住む女性の財産

本名を使うと足を洗えなくなる!?

♪京～都にいたときゃ、しのぶぅ～と呼ばれたのォ～
神戸じゃぁ～、なぎさと、呼ぉ～ばれえたぁのォ～
JASRAC　出0500402-501

ご存じ、大ヒットした小林旭の『昔の名前で出ています』だが、この歌詞のように、源氏名をころころ変えるのは、ワケありの〝流れ者ホステス〟である。

なぜなら、彼女たちにとって源氏名は財産だからだ。

「しのぶ」が店を移って突然、「なぎさ」になってしまったら、馴染《なじ》み客は戸惑《とまど》ってしまう。それに馴染み客の携帯電話には「しのぶ」で登録されているから、源氏名を変えるのは、自分の商売にも大きなマイナスになってしまうわけである。

だが、プロ野球選手の背番号と同じで、移籍先に同じ源氏名がいると、やっかいだ。一般的には、移籍してきた女性が変えることが多く、「洋子」が新しい店で「幸子」になったものの、前の店の客は「洋子」と呼び、新しい店の客は「幸子」と呼ぶなど、笑えぬ混乱も少なくない。

もっとも、これも野球選手と同じで、結構な売上数字を持って入ってきた売れっ子であれば、そのまま源氏名を使用し、気の毒にも前からいたホステスが変えられることもある。同じ店にいて、名前を変えられるのはもちろん屈辱《くつじょく》で、やめていくことになる。

ちなみに源氏名は、昔から「ミ」のつく名前が多い。雅美、ヒトミ、宏美、由美、奈緒美……などで、理由はハッキリしないが、銀座歴三十年というベテランマネージャーは、

「〝ミ〟という音にハイカラな響きがあったからじゃないですかね」

と、推察する。

もっとも最近の若い子は、果歩、志穂、エリ、ユカなど二文字が多く、銀座で石を投げたら当たると言われた「あけみ」は下火で、「子」がつく名前はめっきり少なくなったと、このマネージャーは言う。

ちなみに銀座には、

「本名を使うと、足を洗えなくなる」

という昔からの「言い伝え《ジンクス》」がある。

源氏名が、ホステスが日陰の仕事と見られていた時代の産物だとしたら悲しい話だが、それもいまは昔。

「若い女性たちには、そんなジンクスなんてないですよ。単に自分の名前がイヤだったりとか、芸能人かぶれしたカッコいい名前をつけたいとか、アッケラカンとしたものです

よ」

隔世《かくせい》の感、というところか。

彼女の字は、なぜ上手なのか

週末は礼状書きに精を出す

水商売は、「客を待つビジネス」だ。

客が来なければ、たちまち干上がってしまう。

一般社会のビジネスのように、商談に出向いて商品を売り込んでくるのと、ここが根本的に異なる。

一般社会のビジネスが、狩りをすることで食料を得る「動物」とするなら、水商売は、獲物がやってくるのをじっと待っている「食虫植物」といったところか。客を探しにいくのではなく、来た客をいかに逃がさないようにするか——これが水商売であり、全国水商売の頂点に立ってシノギを削っているのが、銀座クラブなのである。

だから、初めて行った店からは、必ずと言っていいほど礼状が届く。だが、文面はたいてい印刷されていて、宛名と署名だけが手書き。パーティーの案内状のようなもので、もらったほうは、さして嬉しくもない。逆効果とは言わないまでも、商売気が透けて見えるのも事実である。要するに、まだヘタなのだ。

稼げるホステスは違う。

自筆で礼状を書く。

《先夜は、わざわざ足をお運びいただき、ありがとうございました。久しぶりに、ゴルフの話やら……、楽しいひと時を過ごしたように思います。これから寒さ本番。どうぞ、ご自愛専一に。○○様の益々のご活躍を、心より祈念申し上げております。取り急ぎ、お礼まで》

文面は簡潔かつスマート。

《またのご来店を心より……》

などというヤボな文言《もんごん》は、もちろんない。

だから礼状に余韻《よいん》があり、結果として〝またのご来店〟につながるわけである。

◈「稼げる女」の顧客名簿（一例）

社名：富士広告社（〒×××東京都千代田区×丁目×番地×号）
（☎××-××××-××××）
名前：丸山太一　（携帯:×××-××××-××××）

役職：第3営業部　部長

生年月日：S25・9・4（乙女座）
家族構成：妻、長男（山下商事勤務）

贈答品：中元に商品券2万円
誕生プレゼント：2000年　アルマーニの財布3万円
2001年　鳥料理 伊勢廣でご馳走する。

備考：北海道小樽市生まれ。世田谷区下馬在住
趣味:ゴルフ、釣り
日本酒党。
北海道の地酒と珍味を土産に渡したら喜ばれた。

＜注1＞請求書の支払いは20日締め10日払い。
＜注2＞総額で10万円以上の場合、2枚の請求書に分ける。
＜注3＞日付は入れず、別紙に明細を記入（日時別に）。

＊文房具店によくあるものに氏名別の索引をつけて使用。
追加でメモできるように、備考欄を大きく空けておく。

◈客の土産用に利用する銀座の名品（一例）

- ピエスモンテ（8丁目）のマドレーヌ
- ウエスト（8丁目）のリーフパイ
- 鈴屋（8丁目）の甘納豆
- 貝新（8丁目）の佃煮詰合わせ

＊値段はいずれも1箱2,000〜3,000円。上記の店はいずれも夜9時ごろまで開いているので、客が来店してからも注文でき、利用頻度が高い。他に、『空也《くうや》』（6丁目）の最中や『たちばな』（8丁目）のかりんとうも人気。

「私の場合は、週末は手紙書きでつぶれますね」

と、語るのは玲奈ちゃん(23)。ちょっと見には女子高生のような幼い顔をしているが、六丁目『R』の売れっ子だ。

「その週に来てくださったお客様、全員に書きます。このときに、毎晩つけているノート(顧客台帳)が役に立つんです。会話の内容もメモしておくんですが、それをちょっと文面に引き合いに出すのが、効果的ですね」

たとえばノートを見て、A氏がこの日曜日、家族サービスで甲府へブドウ狩りに行くというメモが書いてあるとすれば、

《ご家族と一緒に獲ったブドウのお味はいかがですか?》

と、一文を添えるだけで、礼状の効果は天地の差が出てくるそうで、

「このときは、さっそくブドウ持参で来店してくださいました」

と、玲奈ちゃんは笑う。

もちろん便箋や封筒は、季節に応じて、雰囲気のあるものに変えていく。ボールペンは、事務的なニュアンスがあるので厳禁。玲奈ちゃんは、書きやすく、字がきれいに見えるということから、水性ペンを使っている。達筆というのとはちょっと違うが、銀座ホス

テスに字が上手い女性が多いと言われるのは、こうして週末、せっせと手紙を書いていることが大きく関係しているのである。

また、できる女性は、転勤で地方へ行ってしまった客にも、年賀状、暑中見舞い、店を移った案内などを、こまめに出している。

これに客は感激する。

もし東京にもどってくるようなことがあれば、あるいは、会議で上京などのときなど、その人は再び店に顔を出してくれることになるだろう。

「地方へ転勤、ハイ、サヨナラ」

では、せっかくの客を逃がすことになる。

もちろん東京にもどってこないかもしれないし、もどってきても、銀座に通えるセクションや地位にいるとは限らない。そういう意味では徒労《とろう》に終わることもあるが、ホステスは所詮《しょせん》、「食虫植物」。一度、知り合った客は——そうと相手に悟《さと》られないように——とことん食いついていくべきなのである。

ただし、差出人の名前には細心の注意を。相手によっては、名字だけにする配慮も大事なポイントである。

第4章

客を逃す女、摑《つか》む女

駆け引き、仕草、会話、これがベスト

ボトルを入れさせる〝決めゼリフ〟

「ボトルを開けて」は禁句

銀座六丁目のクラブ『F』は、在籍ホステス二十人という中箱店だ。座って一人三万円弱だから、銀座では中流の店で、いろいろな企業の部課長クラスが接待に使って繁盛していた。

新人ヘルプの香織ちゃんが、奈美さんの席に呼ばれたのは、入店して一週間後のこと。香織ちゃんは二十歳とまだ若いが、将来はオーナーママを夢見るマジメな子で、そのひたむきな姿勢が、奈美さんの目に留《と》まったのだろう。香織ちゃんもまた、ナンバーワンの接客術を盗む絶好のチャンスだと、小躍りした。

客は三人連れ。某機械メーカーの接待の席だったが、なぜか奈美さんは、お酒を勧めることに熱心ではないのだ。

ボトルの残量は三分の一。ピッチをちょっと上げれば、三人ならすぐに空いて、ニューボトルではないか。

（これでよくナンバーワンになれるものだ）

と、香織ちゃんはあきれつつ、

（だったら、私が飲ませちゃえ）

とばかり意気込んで、

「みなさん、お強いんですね」

と言いながら、お代わりを作ろうとすると、

「いいのよ、急がなくても」

奈美さんに、やんわりとたしなめられてしまったのである。

結局、ニューボトルを入れないまま、客は帰っていった。

店がハネたあと、香織ちゃんを食事に誘った奈美さんは、寿司屋のカウンターで、こう諭《さと》した。

「お客さんを追いかけないこと――これが売上を伸ばすコツなの。人間て、追いかけられると逃げたくなるものよ。だからガツガツしては絶対にダメ。つかず離れずという間合いが大事なの。二日酔いになっても気の毒でしょ？」

つかず離れず、という機微がポイントで、「飲んでちょうだい」「ボトルを開けてちょう

だい」が禁句なら、「いいのよ、無理しないで」も禁句。

ここは、

「今月は売上が足りているから、ボトルは今度来てくれたときに開けて」

と、言うのが正解。

客にしてみれば、「今月は売上が足りているから」と言ってくれる気遣いが嬉しく、

（じゃ来週にでも来て、新しいのを入れなくちゃ）

という気持ちになるわけである。

これが客に感謝され、ニューボトルをゲットするという一石二鳥の接客術であると、奈美さんは教えるのだった。

追わない素振りで客を追う——銀座では、アクセルとブレーキを同時に踏む離れワザができて、初めて一人前なのである。

高級ブランドを店では身につけない

〝おしゃれ日〟は、貧衣装でしのぐ手も

「新しい服を見てちょうだい」

これが、「おしゃれ日」だ。店によっては「新調日」ともいう。

パチンコの新装開店のようなもので、〝おしゃれ〟を口実に客を誘う。回数は店によって違うが、毎月一回月初めというのが銀座では一般的で、この日は新しい服を着てくることが義務づけられている。

おニューでなければ、罰金である。

ただし、〝おニュー〟といっても、「店で初めて着る洋服」であれば新調でなくてもかまわない。

となると、どういうことになるか。新しく入店した女性は、手持ちの洋服全部が、この店では〝おニュー〟となる。反対に、古参のホステスは必然的に大変になるわけで、しかも洋服代は自分持ち。客が来てくれれば売上につながるが、空振りしたのでは、洋服代が

持ち出しとなってしまう。

これが彼女たちにはつらい。洋服代をケチッて、

「去年の服だし、一回しか着てないからわかりゃしないわ」

と、タカをくるのは間違いのもとで、ママの慧眼《けいがん》はごまかせないのである。

しかも、おしゃれ日のほか、ひな祭り、ゆかた祭り、紅葉祭り、クリスマス、新年、開店○周年記念、ホワイトデー……etcと「特別な日」が目白押しで、そのつどおめかしをして、客に〝来てねコール〟をかけまくらなければならない。

おしゃれも夏場はまだ衣装代が安くてすむが、秋から冬へと季節が移ろうにしたがって、出費が嵩《かさ》むことになる。店によっては「着物日」もあり、こうなると稼ぎの少ないホステスはギブアップ。やむなく貸衣装を借りてお茶を濁《にご》す女性も出てくる次第である。

ちなみに、お店では定番の高級ブランドは身につけないという一流も多い。

（ずいぶん稼いでやがるな）

と、客に思われるかもしれないからだ。そうなると、勘定が高く感じられる。

そこまで客の心理を読めるのが一流たるゆえんである。

ドアを開けた客が怯《ひる》む〝ギョロリ目〟

客の緊張感に追い討ちをかけたらダメ

客は、いつも軽い緊張感を持って、店のドアを押す。

店内の様子が、外からはわからないからだ。

混んでいるのか、空《す》いているのか。お気に入りの女《コ》はどうしているのか。ひょっとして取引先の人間と鉢合わせしたりして……。ノブをまわして店内に足を一歩踏み入れる刹《せっ》那《な》、客の脳裏にはいろんな思いが駆《か》けめぐる。銀座に馴《な》れていない客であるなら、なおさらドキドキして、心臓の鼓動は少し速くなっているだろう。

一方、迎える側の心理は、客とは正反対だ。

ドアが開いて、客が姿を見せたときが至福の一瞬で、

「いらっしゃいませ！」

声も一段と大きくなる。

すなわち、ドアが開いた瞬間、ヒマをもてあましていたホステスたちの熱い視線が、ド

キドキ客の顔を直撃することになるわけだ。

実は、この〝ギョロリの視線〟が接客術としては最悪で、客は思わず引いてしまう。ギョロリが来店のたびに続くと、客はドアを開けるのが億劫《おっくう》になって、足が遠のいていくことになる。

ホステスたちの〝一斉《いっせい》ギョロリ〟が客を逃がしていることに気づいたある店では、

「お客様がお見えになったら、ドアのいちばん近くにいる女性だけが見るようにして、ほかの者は絶対見ないように」

と、ギョロリ禁止令を出しているほどだ。

「でも、それでも、〝いらっしゃいませ〟が言えるだけいいわよ」

と、あきれて見せるのは、ベテランのMさん。

最近の若いホステスは、「いらっしゃいませ」が言えないおバカちゃんもいて、客が店に入っていいのかどうか、戸惑《とまど》うこともあるそうだ。また、客が店に入ったら、さっと席に案内するのが基本で、どこの席にするか、ぐずぐずしてタイミングを逃すと、客は気分を害して、足が遠のいていく。

銀座といえども、おバカちゃんの例をあげたらきりがないが、最悪は、接客中、ドアが開くたびに、そちらを振り向いてキョロキョロするホステス。自分の客が来ることになっているのだろうが、女のコの視線がちょこまか泳ぐと客は落ち着かず、次第に不愉快になっていく。つまり、〝心ここにあらず〟なのだ。

しかも、自分の客が来店するや、「ご馳走《ちそう》さま」も言わないで、さっと席を立っていってしまう。

（こんな店、二度と来るか）

（あんな女、なぜ上客のオレにつけるんだ）

客もまた、さっと席を立っていってしまうのである。

上司ばかりヨイショすると、〝金の卵〟を逃す

部下は明日の常連客

上司が、部下を連れて飲みに来る。

説教になるか、部下を肴《さかな》にして座を盛り上げるか、たいていどちらかで、自己顕示欲の強い上司なら前者、まあ、サバケた上司なら後者というのが一般的だろう。

説教は、当事者間のことなので、ホステスとしては静かに見守るしかないが、問題は、部下が肴になったときだ。肴というのは、笑いや嘲笑《ちょうしょう》で座を盛り上げるための話題提供《スケープゴート》であり、ホステスもまた嘲笑する側の一員であるからだ。

「こいつの頭、見てよ。若いのにピッカピカ。光らせるのは、靴だけにしろって」

「でも、ハゲた人って精力家って言うから、いいんじゃない？」

「バ〜カ。精力余って、セクハラでもやられた日にゃ、上司のオレもヤバイじゃないか」

テーブルはアッハッハと盛り上がり、部下は、

「マイッタナ」

と、頭の一つもかいて、笑いでごまかすのが精一杯だろう。だが笑顔の下では、（こんちくしょう！）と思っている。

上司には世話になっており、何を言われても仕方ないとしても、（何でホステスのお前に笑われなくちゃならないんだ）と、腸《はらわた》が煮えくり返ってる。

おバカさんは、そこに思いが至らず、いつも来てくれている客である上司さえヨイショ

しておけばいいとばかり、

「あなたも、いい上役を持って幸せね」

などと、エラそうなことまで言ったりする。こんなとき、部下は心で呪《のろ》っているのだ。

（バカ野郎。オレがエラくなっても、この店だけは、絶対に使わねえぞ）

実は、こうして〝将来の客〟を逃がす店は結構あるのだ。

一時的に繁盛していても、あとが続かない店は、若い客を育てていないことが多い。上司は、いまは羽振りがよくても、早晩《そうばん》リタイアするのだ。年もとって、そんなに量も飲めず、来店の回数も多くない。そのうちには定年だ。そこを考えず、今夜の売上ばかりにこだわって若い客を粗末《そまつ》にするのは、〝金の卵〟をドブに捨てるようなものなのだ。

特に女性経営者は、そこのところが見えない。目先にこだわってしまう。これでは店の将来はない。できる経営者やホステスは例外なく、〝金の卵〟を懐《ふところ》で温め、孵化《ふか》させることに細心の注意を払っているのである。

根掘り葉掘り「調書」を取るおバカさん

控えめの気遣いが大事

銀座のクラブに飛び込みで来る客はいない。

だから、たいてい初回は誰かに連れられてやってくる。

「こちらは○×さん。凸凹不動産の部長さんで、いま仕事をご一緒させてもらってるんだ」

と、常連がきちんと紹介してくれれば、接客のポイントも摑《つか》みやすいが、

「こちらは○×さん」

名前だけでは、常連とどういう関係かもわからない。

そこで、つい、

「お仕事、何なさってるんですか?」

と訊《き》きたくなるが、それはおバカさんのやること。

くわしく紹介しないのは、そうしたくない理由があるからだ。世を憚《はばか》るビジネスをやっ

ている人もいれば、ゆきずりのホステスに紹介などされたくない人もいるだろう。新人さんや二流さんは、そういうことに気がまわらない。

連れの客は不躾《ぶしつ》けに職業を訊かれて、

「不動産関係」

と、短く、曖昧《あいまい》に答える。

「マンション関係ですか？」

「まっ、いろいろさ」

「会社は、お近くなんですか？」

「うん」

「お忙しいんでしょうね」

「まあね」

かくして一問一答、ときに黙秘という最悪の〝調書取り〟になって、席はドッチラケ。常連客はムッとして、連れはまず二度と来たがらないだろう。

一流さんは、こんなヘマは絶対にやらない。

直接的な質問など決してせず、客同士の会話に耳を傾けている。

「こう次から次へ高層ビルが建ったんじゃ、これからテナント集めは厳しくなるな」

「でも、来期は役員昇格じゃないですか」

「それはいいんだが、不動産業界は……」

言葉の端々から、職業や地位は自然にわかってくるものなのだ。そして、新しい客についてアウトラインがわかれば、相応の話題を選んで会話に加わればいい。客は、こうした、い、い、い、い控えめの気遣いに、好感を持つものなのだ。

ただし、大会社の役員やお金持ちなど、自己顕示欲の強い客もいるので要注意。こういうタイプに対しては、逆に積極的に質問して、感心したり、驚いて見せたりすることもまた、接客テクニックの一つなのだ。

新しい客に対して、直接的な質問をすべきか否か――。この見極めが、銀座で働く者として、一流と二流の差になって現れるのである。

目線が泳ぐのは、気配り失格

千手観音《せんじゅかんのん》タイプが大成する

ホステスには二つのタイプがある。

「おひな様タイプ」と、「千手観音タイプ」である。

じっと座っているだけで、目配り・気配り・気働きに欠けるホステスが「おひな様」で、「千手観音」は、その逆を言う。ちなみに千手観音は、千本の手を持ち、各々の手に目を持つとされる。

売れっ子で稼げる女性は、もちろん千手観音タイプだ。

客のノリに応じて、笑ったり、相槌《あいづち》を打ったりしつつ、グラスが空くや、ゆったりとしつつ素早く水割りを作り、灰皿を交換し、隣の席の会話を小耳にはさみ、ほかのテーブルの様子を目の端《はし》にとらえながら、

（ハハーン、あのテーブルの客は、ママの大事な客なんだな）

（あのテーブルは、神経質そうな客なので、気を遣っているな）

と、状況を絶えずチェックしながら、店でのポジショニングを考え、行動する。

ほかのテーブルの状況を目の端でとらえるのは、客を前にして目線をキョロキョロ動かすと、客も落ち着かなくなるからだ。（心ここにあらずだな）と彼は思うだろう。

ところがデキの悪い「千手観音」は、熱心であるがゆえに、どうしても目が飛んでしまう。目配り・気配りが逆にマイナス作用になって、客を逃がすことになる。

「八時前後から、わずか四時間ばかりの仕事だけど、接客しつつ四方八方に神経をピリピリ使い、なおかつそれをお客様に悟《さと》らせちゃいけない。正直言って、これほど疲れる仕事はないと思うわ」

と売れっ子の「千手観音」たちは溜《た》め息《いき》をつくが、それでも銀座村から出ていかないのは、苦労に増して、「銀座ホステス」というプライドとステータス、実収入《みいり》に魅力を感じているからにちがいない。

ノホホンの「おひな様」は楽だが、本物のおひな様が、節句がすめば押入にしまわれるように、早々に銀座から姿を消すことになるのを彼女たちは知らない。

営業用の〝自分ストーリー〟は、ほどほどに

誰も信じない「元深窓の令嬢」

――どうしてホステスになったの？

こう質問して、

「子供のころからの夢だったの」

と、答える女性は皆無だろう。

職業的には、手っ取り早く大金を稼ぐ手段であって、ホステスになること自体を目標にしてきた女性は、まずいない。身すぎ、世すぎ手段としては効率のいい職業ではあるが、残念ながら社会的評価はまだ低く、もし彼女たちに潜在的なコンプレックスがあるとすれば、たぶん、このあたりだろう。

だから、コンプレックスの強い女性は、「自分ストーリー」を創作する。深窓の令嬢、地方の名家、名門女子大卒、元一流会社のOL……等々、「私は、本当はホステスをするような女じゃないの」――ということを客に言いたいわけだ。

「でもね」

と、ベテランさんが鼻で笑う。

「京都の呉服屋の末娘だって、お客さんに吹きまくっていたコが、いつのまにか和菓子屋の長女に変わっちゃったりするんだから。どんな物語を作っても結構だけど、ほどほどにしておかないとね。恥をかくのは自分なんだから」

客の質問に対して、ある程度は〝自分史〟を作っておくことも、営業政策としては必要だろうが、思いつきでしゃべると、辻褄《つじつま》が合わなくなるからくれぐれも要注意ということのようである。

相槌《あいづち》は、客の心理を見極めて打つのが上級

相槌というのは、実に難しいものだ。

客を肯定する聞き上手になる

「オレって、愚図《ぐず》だからさ」

「ホントよね」

これでは、客はムッ、である。

ここは、

「なに言ってんのよ、あなたみたいなキレ者が」

ヨイショの場面なのである。あるいは、

「オレって、お人好しだからさ」

というセリフに対して、

「そんなことないわよ、しっかりしてるじゃない」

というヨイショは、無神経。「オレって、お人好しだから」というのは、このあとにしゃべろうとする話の「前提」なのだ。客は、話の接《つ》ぎ穂《ほ》をなくして、不機嫌になってしまうだろう。

ここは、

「そうよね、いい人よねぇ」

と、先をうながして正解。あるいは、

「このところ仕事が忙しくてさ。疲れてんだ」

というセリフの真意が、癒《いや》しを求めているのであれば、

「大変なのね」

やさしく相槌を打って正解。

ところが、励ましを求めているのだと勘違いして、

「でも、顔色いいわよ」

と、余計なことを口にすると、

「そんなことないさ。だって先週の残業時間なんか……」

励ましのつもりが、彼には「反論」に聞こえてしまい、いかに自分が疲れているかを説明しなければならなくなる。これでは、彼は本当に疲れてしまうだろう。

客が同意を求めているのか、否定して欲しいのか——。この心理を見極めて相槌を打つのが、上級ホステスなのである。

部下の前で、大盤振る舞いさせるのはタブー

「銀座で豪遊」の悪評が立つ

大手衣料メーカー営業部の日置達夫専務（仮名）は、部下二人が大口の商談をまとめてきたので、慰労のため銀座へ連れていった。

指名ホステスの詠美ちゃんは、月末を控えて売上が厳しかったのか、

「ヒマなのよ。いつも助けてくれている女のコたち、呼んであげていい？」

と、日置部長に甘えて、

「あなたも、ほら、あなたもいらっしゃいな」

と、次から次へと五名ほど手招きして、ひと通り紹介すると、

「A子ちゃんは、おビール、B代ちゃんは水割りで、C江ちゃんは……」

日置専務が太っ腹なのはわかっているから、いつものように詠美ちゃんが遠慮なく注文するが、この夜の日置部長は、逆に苦々《にがにが》しい顔をした……。

部下がいるからだ。

彼らは思うだろう。

（日置部長は、ホステスたちに、いつもこんな大盤振る舞いしているのか？）

感心するよりもむしろ、

（よく遊んでやがる）

と、ネガティブに受け取るものなのだ。

部下は上司の悪口が大好きだから、同僚と会社帰りに一杯やったときなどに、

「知ってるかい？　ウチの部長は銀座ですげぇんだぜ、女に甘くって。月にいくら遣ってるんだか」

「何が経費削減だよ。自分は毎晩、銀座で豪遊かよ」

社内に悪評が流れ、ヘタすりゃ、組合や役員会で問題にされたりする。

この心理が、詠美ちゃんにはわからない。

太っ腹なところを部下に見せると、上司の株があがるものと勘違いしている。

だからビールをバンバン抜く。日置専務の株をあげて、自分の売上もあがる。おめでたいことに、一石二鳥で、万々歳だと思い込んでいるわけである。

彼の姿をこの店で見なくなるのは、この夜を境にしてであった。

接待の主役を見抜けない〝お間抜け女〟

常連客ばかりを持ち上げて二兎《にと》を失う

指名ホステスにとって何が大事かと言えば、自分の客だ。当然だ。だから、ヨイショする。誠心誠意、もてなそうと努力する。

だが、この努力も、時と場合によっては、大事な客を失うことになる。

たとえば、常連のAさんが数人の客を連れて来店したとする。指名ホステスは、「今夜の主役」を即座に見抜き、その人を持ち上げることで、連れてきてくださったAさんの顔を立てるのが接客のセオリーだが、「常連＝主役」だと思い込んでいるおバカさんもいるのだ。

「Aさん、Aさん」

と常連にばかり話しかけるので、Aさんはあせって、

「こちらのBさんはね、ゴルフはシングルなんだ」

と話題を振って、

（主賓《しゅひん》はこの人だぞ）

とシグナルを送っても、それに気がつかないで、

「あっ、そうですか。――それでAさんね」

再び「Aさん、Aさんが」続いて、接待されたB氏は、

（何だ、こいつは。オレをダシにして、自分がこの店に来たかったんじゃないのか？）

ドッチラケとなるわけである。

接待する場合は、主賓が誰であるか、あらかじめ電話をしておかなくても、店に入ったときに、

「さっ、Bさん、どうぞ」

と、女性たちの前で言ってみせ、上席に座らせて、

（今夜は、この人を接待しているんだぞ）

と、シグナルを送ったりするものだ。

それなのに、

「Aさん、この間、酔ってたけど、帰りは大丈夫だった？」

などと、主賓と関係ない話題を振るおバカさんもいる。

本人は親しみを込めたつもりで言っているのだろうが、接待する側にしてみれば冷や汗ものだ。こういうのを「信号無視」という。信号を無視すれば事故は当然で、常連は二度と接待に使ってはくれないだろう。

職業がバレる肩書きで客を呼ぶ〝無神経女〟

周りに素性がばれない愛称で呼ぶのがプロ

まず、客の「名前」を覚える。

接客術の第一歩だ。

だが、名前を覚えることと、「呼ぶこと」とは別なのである。

「いまはそうでもありませんが、昔はそのままお客さんの名前を呼ぶと、ママにこっぴどく叱られたものです」

と語るのは、銀座ホステス歴二十年という麗子さんだ。

たとえば客の名前が「佐藤」なら「サーさん」、「鈴木」なら「スーさん」、「村木」なら「ムーさん」と呼ぶように教育された。

「お客さん同士は、テーブルを接していながら、お互いの素性はわからないわけでしょう。しかも、どういうお仕事かもわからない。隣席の人に本名や職業がわかっては困るという場合もありますからね。珍しい苗字だと、なおさらです」

だから銀座のクラブでは、ボトルに社名は入れない。ボトルの首にかけた名前も裏返しにしておく。ボトル棚も、中が見えないようになった作りが多いが、これは、客の素性はオープンにしないという銀座の伝統から来ているといわれる。

これほど、客のプライバシーには神経を遣うのが銀座だが、なかには無神経な女性もいて、肩書きで呼んで、客をあわてさせることがある。「部長」「課長」ならともかく、「市長」「教授」「編集長」あたりになると差《さ》し障《さわ》りが出てくることもある。

「ねえ、編集長」

と、ホステスが昇進を祝うつもりで肩書きで呼んだところ、それまで女のコ相手にバカ騒ぎしていた周囲の客たちが一斉にジロリと見て、急に警戒《けいかい》ムードになってしまったと、某週刊誌の編集長が経験談を披露してくれた。彼らは、何かと批判の対象にされていた某メガバンクの行員たちであった。

むろん、客の中には、「会長」などという大仰な肩書きで呼ばれたがる人種も、少ないながら存在する。逆に周囲の耳を痛いほど気にしているのだ。

だから客をどう呼ぶか、あるいはどう呼ばれたがっているか――。そこをきちんとわきまえておくのも基本的な心得といえる。

鈍感な女性は、いつも〝間が悪い〟

お酌《しゃく》は〝耳で〟する

「それで、ティーショットをラフに打ち込んじゃったから、第二打は慎重に……」

ゴルフ談義で盛り上がっているときに、

「お一つどうぞ」

ヘルプがビール瓶を差し向けた。

「サンキュー」

客は、話の腰を折られながらもイヤな顔をせず、グラスを手に、

「それで、第二打はとにかくフェアウェイに出さなきゃマズイじゃない。だから、ここは欲をかかないで……」

「あッ、ごめんなさい！」

ヘルプがビールをこぼして、

「ボーイさん、オシボリ、お願い！　急いで！」

「いいよ、いいよ、大丈夫だから」

「すみません」

謝りながら、ボーイがすっ飛んで持ってきたオシボリで客のズボンを拭《ぬぐ》うのを持って、

「それで、第二打はどうなったんですか？」

「…………」

間が悪い、というのは、こういうことを言う。

タイミングの悪さ、と言い換えてもいい。

「落ち着ける店」

と評判のクラブは、例外なく女性たちの〝間〟の取り方が素晴らしいのだ。

たとえば、お酌。

昔の芸者は、

「酌は耳でしろ」

と、躾《しつ》けられた。

会話の途切れた合間に、何気なくお酌をしろ、という意味だ。グラスが空いたからといって、機械的に、

「はい、どうぞ」

ではダメなのだ。

いまお酌して話の腰を折らないか、雰囲気を損ねないか――を考える必要がある。酌は、ホステスが注ぎたいときに注ぐのではなく、客が注がれたいときに注ぐものなのである。

水割りを作るタイミングも同様だ。最後のひと口を飲んで、氷の音をグラスの中でコロンと鳴らすのが好きな客もいれば、早め早めに注ぎ足すのが好きな客もいる。あるいは、注ぎ足したウイスキーを混ぜないで浮かして飲むのが好きな客もいる。客の好みを素早く

見抜き、ベストタイミングでさり気なく作るように心がければ、客は気持ちよく酔えるというわけである。

さらに言っておけば、オツマミの皿を引くタイミングもそうだ。空いたからといって、さっさと皿を下げるのは、大衆食堂のオバちゃんがやることだ。食堂は、食事を売るのが商売だから、食べたらさっさと帰ってもらって当然なのだ。

銀座は違う。

高い料金で、客がくつろぐ時間と満足度を売っているのだ。雰囲気を売っていると言い換えてもよい。

ならば、水割りを作るタイミング、皿を引くタイミング、相槌《あいづち》を打つタイミングなど、接客の〝間〟に細心の注意を払うべきなのである。

興ざめのセリフ「たまには大勢で来てよ」

「いいのよ、お一人で」とささやく余裕を

銀座のクラブに一人で飲みにくる客は、たいてい次の三タイプに分けられる。
一、会社や仕事上のことでイヤなことがあり、気を紛《まぎ》らわしに来る客。
二、ホステスを口説《くど》きに来る客。
三、いい接待ができるよう、普段から一人でちょこちょこ顔を出す客。
理由はいろいろだが、店にしてみれば、一人客というのは効率がよくない。客が一人でもホステスをつけなければならないし、ホステスにしても、同じ接客をしても売上があがりにくい。

だから、つい、

「たまには大勢とか、友達も連れてきてよ」

というホンネを口にしてしまうが、これは禁句中の禁句。

ふだん、どんなに誠意を持って接客していても、このセリフを言ったのでは、

（なんだ、この女、オレがいいんじゃなくて売上狙《ねら》いだったのか）

一瞬にして興ざめである。

むしろ逆に、何人かで来ているときに、

「たまには、お一人で来てください」

と、ささやかれると、彼は嬉しくなって、足繁くやってきたりもする。

そして、ここがポイントなのだが、月に一回五人で来て十万円遣ってくれる客より、週一で二万～三万円落としてくれる客のほうが得なのだ。なぜなら週一の客は、ときに何人かで来店することもあるからだ。

前の項目でも紹介したが、一人の客の背後には、潜在的《せんざいてき》な多くの客が控えていることに思いを馳《は》せれば、自ずと接客も変わってくるというものである。

客に悩み相談は御法度《ごはっと》

愚痴《ぐち》と甘えを混同する〝勘違い女〟

ホステスというものは、客の愚痴を聞くのも仕事のうちだ。

いや、愚痴をこぼされ、悩みを相談されて初めて一人前と言える。

では、その逆はどうか。

ホステスが客に愚痴をこぼし、悩みを打ち明けるのだ。

結論から言えば、これは最悪。女性の男性に対する誤解の最たるものが、実は「愚痴」であり「悩み事相談」なのである。

「このままホステスを続けるべきかどうか……。私、迷っちゃってるんです」

たとえば、そんな相談を持ちかけられても、客は返答に窮《きゅう》してしまう。

あるいは、

「友達がストーカー被害にあってるの。どうしたらいい？」

こんなのも困る。

ホステスにしてみれば、頼ったり、甘えたりすれば男性は喜ぶと思っているのだろうが、甘えて喜ぶのは、プライベートな関係になってからの話で、こういうのを、

「身勝手な勘違い」

と言うのだ。

それでなくても客は、仕事など面倒なことをたくさん背負《せお》っており、その荷物を一時的に下ろしたくて飲みにきているというのに、新たな荷物を見せられたのでは——表面上はともかく——内心はウンザリなのである。

また、同僚の悪口を客に言うのも御法度。

ノー天気な客は、指名の女《コ》がすべてだから、

「やっぱりそうか。○○子は尻が軽そうだもんな」

と、輪をかけて悪口を言うタイプもいるが、常識を持った客であれば、こういう場合は相槌に困る。

店内のことだけに、

「そうだね」

と同意もできず、さりとて、

「それはキミが間違っているよ」

と、あからさまにも言えず、客は何と返事をしていいのか、困惑《こんわく》するばかりである。

愚痴と他人に対する悪口なら、家に帰れば、奥さんから、職場では同僚からたっぷりと聞かされるのだ。遊びの場で、銀座女性が古女房と同じことをしでかしたのでは、客の足が遠のくのも当然だろう。

客の愚痴は許されても、ホステスの愚痴は絶対に許されない――これがこの業界の常識なのである。

デキの悪いヘルプなら、いないほうがまし

何気ない会話が客の自尊心を傷つける

築地で青果店を経営する横田勇次社長（仮名）が、真っ黒に日焼けして、六丁目のクラブ『T』に現れた。

この夜はヒマだったので、横田社長の席には、指名の桂子さんのほか、ヘルプが三人ついた。桂子さんは三十代半ばのベテランだが、ヘルプの三人は二十歳前後で、ホステスになってまだ日が浅く、バイト感覚が抜けないコたちだった。彼女たちも夏を満喫したらしく、みんな小麦色の肌になっている。

「社長は、夏休み、どこか行かれたんですか？」

桂子さんが、横田社長に水を向ける。

「うん。伊豆へ五日ばかり。釣りさ」

するとヘルプのA子が、

「あら、釣りですか！　私、ハワイでトローリングしたんですよ！」

このひと言が引き金になって、

「私はゴールドコーストへ行ったの」

「私は毎年バリ島だけど」・

ワイキキのレストランがどうした、ゴールドコーストの海で潜った、バリ島のロブスターがおいしかったと、話は彼女たち三人で盛り上がってしまったのだ。

「それで社長、伊豆では……」

桂子さんがあせって、横田社長を話題の中心に引き戻そうとするが、おバカさん三人組は意に介さず、

「じゃ、正月は、フィジーにしようかな」

勝手なことをしゃべり続けていた。

社長は早々に席を立ち、桂子さんは彼を車まで見送って店にもどってくるや、

「ちょっと、アンタたち！」

特大のカミナリが三人の頭上に落ちたのである。

話の中心は、常に客であるべきなのだ。

横田社長の例で言えば、「伊豆」に対して「海外」を持ち出すのは愚《ぐ》の骨頂《こっちょう》。ここは「伊豆の滞在」について、どんどん話を聞いて盛り上げていくべきなのである。そうすれば、彼は帰ることなく、上機嫌で飲んでいたはずである。

腕時計を覗《のぞ》いた瞬間、客はシラケる

ホステスが腕時計を覗く――客を一瞬にして不愉快にさせる仕草だ。

「そろそろ閉店だから帰れ」

と、追い出しているのと同じだ。

おとなしい客なら、自分の腕時計に目を落として、

「あれっ、もうこんな時間か。じゃ、お勘定」

ということになるが、これがちょっとうるさい客になると、

「何だよ、お前。時間ばっかし気にしてんじゃないよ」

一気に不機嫌になる。場合によっては、

「ママ！ こいつ、席からはずしてくれ！ お前、二度とオレの席につくな！」

怒鳴りつけられることもある。何気ない一瞬の仕草が、客を逃がすどころか、トラブルにさえなりかねないのである。

ボディーランゲージ——つまり人間は、無意識のうちに相手の仕草から感情を読み取ろうとするもので、「時計を見る＝用事がある＝帰る」と受け取る。

だから、ホステスが時計に目を走らせると、

（何だ、用があるのか。食事に誘ってもダメなのか。誰か、男と待ち合わせか）

と勝手に判断して、気分がスッキリしないままご帰還ということになる。

「今夜は楽しかったな」

と思って帰るのと、徒労感《とろうかん》を抱きながら帰るのとでは、次回の来店に響いてくることは言うまでもない。

とは言え、用事があろうがなかろうが、誰しも時間は気になるもの。時計を見たければ、化粧室に立ったときに見るのが無難だ。お酒を注ぐときや、水割りを作る際に、客に悟られないよう腕時計に目をやる女性もいるが、何気なさを装えば装うほど不自然になって、客にはわかるものなのだ。

店によっては、女性たちの腕時計をはずさせているところもある。客が時間を気にして落ち着かないからだ。いかに〝とき〟を忘れさせて楽しませるか——これを以《もっ》て接客の極意とするのである。

エッ、こんなブス？　鬼門のエレベーター同乗

蛍光灯は容赦なく疲れた肌を照らす

美女に囲まれて、至福のひと時を過ごし、

「じゃ、そろそろ」

と席を立って店を出ると、見送りの彼女たちとエレベーターに乗り込む。

一階のボタンが押され、エレベーターが低いモーターの音をさせて降下を始める。だが、一階に着くまでのわずか十秒足らずの時間が何とも気詰まりで、みんなして停止階の表示ランプが点滅していくのを無言で見上げている。

ついさっきほどまで、飲んで笑って盛り上がったのがウソのよう。

狭い箱の中は、息をするのも憚《はばか》られるような雰囲気なのである。たとえて言うなら、ラブホテルから二人して出ていくときの気分に近いだろうか。

途中階に止まってドアが開くと、それまでエレベーターホールでキャッキャやっていた客とホステスが急に黙り込み、そそくさと乗り込んでくる。人数が増えて、再び沈黙の中

を箱は降りていく。

実は、この密室状態の中が、女性たちにとって最悪の状況なのである。

なぜか。

照明である。

隣のホステスの顔を横目で見て、

（えッ、こんな女だったっけ？）

店内のやわらかい照明に映える素敵な化粧も、蛍光灯の青白く寒々とした明かりの下では、厚化粧が強調されて、何ともブスに見えてしまう……。

しかも酒が入ってほんのり桜色に染まった顔は、店内でこそ色っぽいが、蛍光灯の下では真っ赤な頬っぺのリンゴちゃん。角度によっては、しもやけになったように見えたりする。帰りのエレベーターの中で失望して帰る客は、少なくないのである。

飲食店の雑居ビル（丸源ビルのような）であれば、オーナー同士が話し合い、ほんのちょっと費用を出し合って照明を工夫すれば、各店はもっと繁盛するはずだろうに残念なことだ。

見送りの話が出たところで、つけ加えておけば、路上で客と長話はしないこと。取引先

など、誰が見ているかわからないからだ。芸能人など、銀座遊びが勲章になる人種は別として、サラリーマンの場合などは、

「あいつ、接待にかこつけて遊んでやがる」

と悪評が立つなど、ろくなことがないからだ。社内外で悪いうわさが立てば、銀座の請求書は落ちにくくなり、足が遠のいていくというわけである。

また見送りは、ネオンの下で、全身をさらすことでもある。プロポーションに自信があればまだいいが、

（顔は可愛いけど、けっこう短足で、太《ふ》てぇな）

と、スタイルまで見破られてしまうから、要注意。

銀座ホステスという花は、店という華麗な器の中に活《い》けてこそ美しいのだということを肝《きも》に銘じ、見送りに出るときは細心の注意を払うことをお忘れなく。

第5章

本当の上客を見抜くコツ

✻ 長持ち、カネ払い、気配り――これが3大条件

請求書に上乗せさせ、バックを要求する

私用の買い物も経費にするセコい客

売上ホステスは、一般的に来店後一週間から十日で請求書を発送し、客から彼女の口座に振り込まれ、そこから規定の売上を店に納める。

入金が遅くなれば、ホステスの立替となってしまうわけだが、二ヶ月で振り込んでくれる客はまだいいほうだ。接待族の場合など、請求書が何件も溜まってしまうと続けて落しにくいという事情があり、三ヶ月後というのはザラになっている。

しかも接待額にうるさい上司がいると、一度に多額の経費を使えないので、

「請求書を二通に分けて送ってくれ」

と頼まれることもあり、入金はさらに遅くなる。

ホステスも資金繰りが大変だが、客も同様で、数万円程度の勘定であれば、請求書にしないで現金で払い、領収書を何枚かに小口に分けて切るよう依頼する客もいる。立替払いになるが、

「銀座から請求書が来た」

というリアクションを考えると、毎月一枚ずつ清算していくほうが、目をつけられなくていいというわけである。

だが、銀座の請求書がバンバン通る会社になると、客の中にワルも出てくる。前の項で、請求書に上乗せするホステスのことを紹介したが（八九ページ）、その逆もいるのだ。二万〜三万円上乗せした金額で請求書を送らせ、キックバックさせるのである。もっとズルイ客になると、ゴルフのパターやセーターなど、自分の買い物をした領収書を持って飲みにきて、

「この金額、乗っけといてあとで戻してくれよ」

と、厚かましいことを平気で言う。

ホステスにしても、自分の腹が痛むわけではないのでやむなく引き受けてしまう。数万円程度であれば、請求書に乗せてもわからないという、まさに銀座でしかできない〝不正〟だろう。

だが、自分の飲み代に上乗せして小遣いにするのは、まだ可愛いほうだ。ワルも極めつきになると、そのホステスと懇《ねんご》ろになり、彼女のすべての客に一万円を乗せさせておい

て、それをバックさせるのだ。詐欺《さぎ》同然の行為だが、こういうことが通用するのもまた、銀座なのである。

おサワリ客は、ママにとって踏み絵

客を取るかホステスを取るかの正念場

おふざけで、お尻をひと撫でしたり、胸に軽いタッチであるなら、不愉快ではあっても、まだ我慢できる。ところが、スカートや胸元に手を突っ込んだりという度を過ぎた行為になると、もはや何をかいわんやだろう。

「いい加減にしてよッ、冗談《じょうだん》じゃないわ！」

怒って、オッサンにタンカを切ったのは、六丁目のクラブ『E』の真奈美ちゃんである。

初めのうちは、それでもやんわりと、

「やめてくださいよ。何、酔っぱらってるんですか」

と、笑いながら軽くいなしていたのだが、

「いいじゃねえか、減るもんじゃなし」

と、図に乗ってスカートをまくろうとしたので、真奈美ちゃんがキレた次第。

「どうしたの！」

驚いてすっ飛んできたママに、オッサンがくってかかった。

「ちょっと触ったくらいで、何だってんだ、お前！　オレは客だぞ！」

理由はともあれ、お客様は神様だ。神様に罵声《ばせい》を浴びせたとあっては、もう店にはいられない。真奈美ちゃんはクビを覚悟した。

ところが、

「あんた、一昨日《おととい》おいで！」

なんと、ママの胸のすくようなタンカが、オッサンに浴びせられたのである。

オッサンは、鳩が豆鉄砲をくらったような顔をして、その場に固まっていたが、事態を悟《さと》ると、すごすごと帰っていった。

「このときですね。このママのためなら、と思ったのは」

と、真奈美ちゃんは、そのときを振り返る。

真奈美ちゃんと客とを天秤《てんびん》にかけ、ママは真奈美ちゃんを取ったのだ。この心意気に、彼女は感激し、いまもこうしてママのために一所懸命に店を盛り立てているという次第である。

おそらく、このオッサンは、店にとって元々が迷惑な客だったのだろう。払いも悪かったのかもしれない。渡りに船とばかり、客を切り、同時にホステスの信頼を得る。ママにとって一石二鳥のパフォーマンスと言っていいだろう。

新宿の三倍、上野の四倍の接待効果

相手の自尊心をくすぐる銀座ブランド

「キミは、銀座の請求書が多いね。新宿とか上野とか、もっと安い店も使ってもらわないと困るよ」

部長に注意されて、営業部の小松君がキレた。

「何言ってるんですか。費用対効果を考えて、自宅とは逆方向なのに、わざわざ銀座に出かけているんですよ。それを何ですか。新宿へ行けとか、上野に行けとか！　ボクの営業成績を見てください」

すごい剣幕に部長もたじろいで、

「わかった、わかった」

それからというもの、コンピュータ関連のA社では、小松君の銀座接待は部長公認になったらしい。

つまり、接待して相手に喜ばれるかどうかは、「場所」が勝負だ。

「いやあ、昨日は赤坂・六本木でご馳走《ちそう》になってね」

ではもうひとつなのだ。

「いやあ、昨日は銀座で接待を受けちゃってね」

と、こうでなければならない。

なぜなら接待は、相手の自尊心と優越感をくすぐることで、商談など目的を達しようとするものだが、自尊心というやつは、他人にヨイショされたことを身内——とりわけ奥さんに話すことで増幅される。この心理を知れば、接待は、奥さんに自慢できる場所なり店でなくてはならない。上京してくる客は特にその傾向が強い。

ここに「銀座」というブランドが意味を持ち、新宿の三倍、上野の四倍の効果があるというのは、そういうことなのである。

最近は、六本木や新宿にも高級クラブが多くなった。しかも、ホステスは若くて可愛くてスタイリッシュ、かつ下半身のガードもゆるめ。遊ぶなら、そっちのほうがおもしろいかもしれないが、接待となれば、やはり銀座につきるのである。

ならば、その席についた女性の役割は、自ずとわかってくるだろう。相手を〝お金〟としてつかまえようとするのではなく、いかに気分よく飲んでいただくか、この一点が勝負なのである。

その座がうまくいけば、呼ばれた客は感謝し、末永く利用してくれることになる。

最高にモテるのは、お金持ちだと思ったら大間違い

支払いの早い客のほうがオイシイ

モテるのは、どんな客か。

銀座の女性たちに質問すると、口をそろえてこう答えるはずだ。

「それは、支払いの早いお客さん！」

もちろん金持ちは最上の客だが、いくら金を持っていても、支払いの遅い人では困るのだ。なぜなら、店という空間を借りて個人営業をする売上ホステスは、毎月、自分の売上を入金しなければならず、立替になってしまうからだ。遅くても、来店した翌々月には払ってもらわなければ、資金繰りが厳しくなるというわけである。

一方、接待に使う大手企業の社員も最上の客だ。会社の経理が財布なのだから、交際費という名目で、大盤振る舞いしてくれる。店がヒマなときに電話でSOSを発信すると、

「よし、わかった。オレは先約があって無理だが、営業部がまだ会議やっているはずだから、何人か行かせるよ」

こんな調子だった。

だった、と過去形で書くのは、ほかでもない。ご承知のようにこの不景気で、いかに大手企業の社員でも、銀座の請求書は、接待で落としにくくなってきたのだ。バブル期には即刻振り込んでくれたが、いまは経理にまわすタイミングを図《はか》っているうちに、二、三ヶ月がすぐに経ってしまうことになる。

「来てもらわなくちゃ困るし、そうかといって支払いが遅れたんじゃ、自分の首を絞めるようなものだし……。ホント、私たちの商売、難しいんですよ」

銀座女性の嘆きである。

客との〝バーチャル恋愛〟をするのは半人前

客はワガママでいい

客は、気に入った女性を指名する。

逆に女性たちはそうはいかない。相手のことが気に入らなくても、笑顔で接客しなくてはならない。

商売だから当たり前だと言えば、そのとおりだが、そこは人間。嫌《や》な男にワガママ言われれば、

（コンチクショー！　あんた、客じゃなかったら……）

腹立たしくなって当然だろう。

客に腹を立てるなど、プロとして失格であることは当人が百も承知だが、「腹を立ててはいけない」とわかっているからこそ、余計に腹立たしくなってくる。これが〝立腹スパイラル〟で、精神衛生に悪いだけでなく、稼ぎにも影響してくる。

そこで、商売としての割り切りが大事になってくる。

「客の顔は十人十色。でも、お札の顔は、どれも同じだから」

という〝柳に風〟のベテランもいるが、この境地に達するのはプロ中のプロ。あるいは銀座村から足を洗うと決めた女性。一般のホステスでは、そうはいかないだろう。

さる中堅さんは、客との「疑似恋愛《バーチャル》」を心がけている。

「つまり、演技するんですよ。自分がドラマのヒロインになったつもりで、お客様を好き

になるんです。そうすれば、不思議と腹が立たない。客のワガママも、〝しょうがないなぁ〟と、けっこう許せちゃうんですね。反対に、イヤなヤツ、と思っちゃうと、すべてが気に入らなくなっちゃう」

だが、ナンバーワンとして鳴らし、先ごろ六丁目にクラブ『T』をオープンさせたママは手厳しい。

「女性たちが、お客様を評価するのは間違っています。〝感じがいい客〟というのは、その女性にとって都合がいいだけ。ワガママでいいんです。お客様がどうあれ、可愛がられなかったり、愛されなかったらホステスとして存在価値はないじゃないですか。お酌《しゃく》をするだけなら誰でもいいんですから」

ましてや銀座ホステスなら――という矜持《きょうじ》が、このあとに続く。〝バーチャル恋愛〟を心がけるようでは、まだまだ半人前ということなのである。

飲めない客も大歓迎

ウーロン茶一杯ずつでもン万円

居酒屋の上客は、食べてくれる客だ。

酒類は、客も定価がわかっているから、そう高くはできない。たとえばビールの大瓶が二千円もしたら、客は誰も来なくなるだろう。その点、ツマミ類は食材を調理するわけだから、値段も適当につけられるし、料金を取りやすい。だから下戸《げこ》——飲めない客でも、ツマミをたくさん注文してくれれば、上客というわけだ。

銀座クラブはどうか。

食べ物で商売するわけではないから、基本的にはガンガン飲んでボトルを追加してくれる客が上客になるが、実は下戸の客も悪くはないのだ。

銀座は「座っていくら」と表現されるように、料金は「座り賃」なのだ。飲もうが飲むまいが、座れば基本料金のほか——店によって多少異なるが——テーブルチャージ、タイムチャージ、ボーイチャージ等々、あれやこれやが加算され、店の格に応じて、お一人様一万五千～四万円の料金になる。

早い話が、席に座り、オシボリで顔をゴシゴシ拭いただけで帰っても、ン万円の料金がかかるというわけである。

だから、飲まない人でも大歓迎。

ウーロン茶の四人連れが、それぞれ一杯飲んで帰っただけでも、四万五千～十ン万円の売上になる。酔ってしつこくならないだけ、下戸は大歓迎というホステスもいる。だから銀座で遊ぶ客は、飲めなくても大きな顔をしていられるのである。

嫌われ者の〝長っ尻客〟にも、言い分はある

客の心情を汲《く》み取る度量を持つ

「まったく、頭、きちゃうわよ」

プンプン怒るのは、六丁目『B』の悦ちゃんである。ちょっと女優の浅野温子似だ。

「今夜は久しぶりにお客さんが入って忙しかったのに、こういうときに限ってGさんったら、一人で口開けから閉店《カンバン》までよ。イヤんなっちゃうわよ」

もちろん彼女の客も何組か来てくれたのだが、Gさんにも相手をしなければならず、これが結構手間で、

（いい加減に帰ってくれればいいのに）

と、彼の無粋を怒っているのである。

店にとっても、一人客の長っ尻は迷惑。必ずホステスをつけなくてはならないので、混んできたときは、女性たちのやりくりが大変になるからだ。

しかも、この手の客に限って、ちょっとでも放っておくと、

「よう、どうなってんだ」

と、常連顔でクレームをつける。

悦ちゃんが怒るように、無粋な客ということになるのだが、客にも言い分があるのだ。

昔と違って、この不景気。

どこの会社だって、それほど余裕がないのだ。

ハシゴできないから、一軒の店で長っ尻するしかないのである。しかも、店がヒマなと

きは、一人客でも大歓迎で、ヘルプを何人もつけて、ドリンクをせがむ。

「店もホステスも勝手じゃないか」

と言うわけである。

両者の言い分は双方ごもっともではあるが、しかし自分たちだけの都合で、いい客、悪い客を決めるのは、主客転倒というものだろう。

長っ尻して常連ヅラをする客も無粋だが、その心理は——たぶん客本人も気づいていないと思うが——予算的にハシゴできないというイライラの裏返しなのである。

男というのは見栄《みえ》っ張りだ。

ええカッコしいだ。

そのええカッコしいが、嫌われるのを承知でチビチビやっているのだ。

もしその女性に、彼の気持ちを汲み取る度量とやさしさがあれば、いずれ報《むく》われるときが来る。いつまでもこの客の不景気は続かないかもしれないし、順調にいけば相応に彼も出世する。そうなればまた、粋な客にもどるだろう。

その時々の都合で、歓迎したり、嫌ったりという〝いいとこ取り〟をやっていたのでは、本当の上客には恵まれないものだ。

ホステスと客は合わせ鏡

客への批判は、天にツバする行為と知るべし

ハンサムで、粋で、金払いがよくて、話術が楽しくて、しかも思いやりまである——こういう男性ばかりが客なら、ホステスも毎日が楽しいことだろう。

だが、現実はそうはいかない。

自慢ばかりする客、横柄《おうへい》な客、がさつな客、陰気な客、神経質な客……。長所より、欠点ばかりが目立つ。毎日が楽しいどころか、接客では我慢することのほうが多いだろう。

（稼ぐんだ！）という強烈な目標と意志がなければ、店に出るのさえも億劫《おっくう》になる。なかなか素敵な客には恵まれないものなのである。

「でもね、客に恵まれないと不満を言う女のコは、天にツバするようなものなんです」

と苦言を呈《てい》すのは、銀座歴三十年というマネージャーだ。

「長いこと、カウンターの中から女のコを見ていると、不思議なことに気がつきます。おしゃべりなコにはおしゃべりな客、横柄なコには横柄な客、反対に、気配りができるコに

は、やさしいお客さんがつくんですね。類は友を呼ぶ、とはよく言ったもので、お客さんとホステスは、まるで合わせ鏡のようです」

だから、客の批判をしたり、不満を漏《も》らす前に、我が身を振り返るべきだと、このマネージャーは言うのである。

急がばまわれ。いい客筋をつかまえようと思うなら、女性として、人間として成長すること——いや、成長しようと努力することが、何より早道ということである。

彼の背中の〝木枯らしサイン〟に要注意

即、売掛の回収に入るべし

銀座のクラブは、金持ちだけが集まる場所だ……!?

いや、仕事で使うサラリーマンを含めて、

「金を遣うことができる人間が集まる場所」

と言ったほうが正確だろう。

だが、逆を言えば、事業に失敗したり、左遷《させん》されたりしてお金が遣えなくなった人間は、去っていくことを意味している。勝者が集《つど》い、敗者が去る——だから銀座クラブは、男のステータスであり続けるわけだ。

そして勝者は、いつの時代も颯爽《さっそう》と登場し、敗者は人知れず退場する。

「○○さん、最近、見かけないね」

「倒産《パンク》らしいよ」

「へえ、わかんないもんだね」

去っていった客に同情する銀座村の住人はいない。「稼ぐ」という目標に向けて誰もが必死に走る銀座レースでは、落後者を振り向いている余裕などないのである。

だが、勝手に退場された女性たちは、そうはいかない。売上が減るだけでなく、売掛があれば、立て替えて店に納めなければならない。だから、客の浮沈《ふちん》には神経を尖《とが》らせる。

では、どうやってその兆候を見抜くか。

ベテランさんに言わせると、背中だという。

「いくらチップをバラまいて豪遊していても、店を出るときの背中に〝木枯らし〟が吹いていたら、パンクは近いと思っていいわね。そうなったら、売掛金の回収を急ぐこと。お店の入金システムが変わったとか何とか、理由は何でもいいの。躊躇《ちゆうちよ》していたら、泣きを見るのは自分だから」

自動車のタイヤ交換はスリップサインや、山と溝の高低で知るが、指名客の退潮は、背中の〝木枯らしサイン〟が教えてくれるということである。

おバカさんは、チップだとか、時計だとか、表情だとか、ボトルの減り加減など、お客さんの前面ばかりを見る。

だから引っかかる。

だが、男の背中は無防備だ。

虚勢の張りようがない。

その気になって見れば、口ほどにものを言うということか。

いくらチップをバラまいて豪遊していても、店を出るとき、彼の背中に木枯らしが吹いていると感じたら、要注意。スケベ心を起こさず、縁の切れ目と見切り、できるだけ早く売掛の回収にかかることである。

まず自分の運気で、客を勢いづかせる

あげマン・ホステスの「元気スパイラルの法則」

あげマンだと評判の女性が、銀座にはけっこういる。

実際、セックスするかどうかはともかく、彼女と飲んでいると、何となくツキがめぐってくるような気がする――そんなホステスは、総じて性格が明るいのが特徴である。

五丁目の『J』で、その誉《ほま》れ高いのが、銀座歴三年という若い美和ちゃんだ。あげマン人気が客を呼び、「ツキの握手」を求めてモテモテなのである。

その美和ちゃんが、顔を赤らめて、自己分析する。

「ソレかどうかはわかんないけど、気合いを入れて接客するよう心がけています。元気がなくても、背筋をピンと伸ばせば気持ちがしゃきっとするのと同じで、私が気合いを入れて接すると、お客さんも感化されるみたい。人間なんて、気の持ちようでどうにでもなるんですね。もし私があげマンだとしら、そういうことじゃないかしら」

そして、美和ちゃんは、風吹きゃ桶屋《おけや》が儲《もう》かるという「元気スパイラル」の持論を披露

してくれたが、それをまとめると次のようになる。

ホステスが元気潑剌《はつらつ》で接客→客が感化されて潑剌となる→客に勢いが出る→勢いが出ればいい仕事をする→いい仕事をすれば会社が伸びる（あるいは出世する）→余裕が出て店に通ってくれる→売上があがる→ホステスが稼げる→元気で接客。

実際、こうなれば万々歳だが、ひとつ言えることは、客に勢いがなければ、ホステスも稼げないということだ。だから美和ちゃんは、客に勢いがつくよう、明るく、爽やかに接しているのだと言う。

男というのは、精神的に弱い。自信を持てば大業をも見事にやってのけるが、ひとたび萎縮《いしゅく》すると、小石にさえ蹴《け》つまずく。だから男は、自分を勇気づけてくれる女性を求める。

彼女の元に自然と足が向くのは、だから当然なのである。可愛ければなおさらだ。

チークダンスで、耳元に息を吹きかけるアホな客

ジョークでかわすのが「できる女」

この仕事は、色香をも売る。

言い換えれば、客に下心を抱かせないようでは、ホステスとして（特に銀座の場合）怠慢というべきだ。

さりとて、いちいち下心にＯＫしていたのでは、客は通ってはこない。「易《やす》きものに価値なし」で、手が届きそうで届かないから客は惹《ひ》かれる。タンポポは、道端に咲くから踏みつけられるのだ。もし高嶺《たかね》に咲く花であったなら、人々はまた違った感慨を抱くことだろう。

銀座の女性もそれと同じで、高嶺に咲きつつ、ひょっとして手を伸ばせば届くかもしれないという「間合い」と「演出」が勝負なのである。

だから客は誤解する。たとえば、チークダンス。

身体を密着させるから、客は彼女の本音を推し量るべく、攻勢に出てくる。

「だから、頭《あつたま》にきちゃう」

と憤慨《ふんがい》するのは、二十歳のエミちゃん。ついこの間まで、新宿のクラブにいたという銀座の新人である。

「私の背中にまわした手を、撫《な》で下ろしちゃうの。それも手のひらならまだ許せるけど、効《き》くと思ってか、指を立ててツーなんだから。くすぐったいやら気持ち悪いやらで身体をよじるもんだから、効いてると勘違いしちゃって、今度は耳に息をフッ、だって。ホント、頭にきちゃう」

先夜の客などチークダンスで勝手に興奮し、硬くなったナニをグイグイと押しつけてきながら、

「耳元で〝どうだい、今夜〟だって。飲み代いらないから、風俗店にでも行けって、よっぽど言ってやろうかと思ったけど、お店の手前、ガマンしたの」

誤解させるのが仕事なのに、客がいざソノ気になったら「頭にきちゃう」では、プロ意識に欠けると言われても仕方ないだろう。ムッと押し黙るから、客をますます妙な気持ちにさせる。こんなとき、上手な女性なら、

「あら、お元気だこと。疲れてらっしゃるの？」

「……?」

「疲れナントカって言うじゃないですか。少し休養を取ったほうがいいんじゃなくて」

機先《きせん》を制し、軽くジョークでまぎらわしながら、

「じゃ、少し休みましょうか」

腕を解いて、さっさと席にもどってしまう。

そして――ここが肝心なのだが――テーブルについたら、エッチな話は絶対にしないで、何事もなかったようにふるまう。

すると彼は、その女性の真意《コ》を図《はか》りかねて戸惑《とまど》い、回答は後日の〝宿題〟として店に通うことになる。こういうとき、意外や再来店は早いものだ。

これが、客との間合いなのである。

余談ながら、銀座のベテラン客になると、踊らないものだ。チークはホステスにとっては仕事なのであり、喜んでやってくれるのではないことを知っているからである。それに、不覚をとってナニが意識しようものなら、ホステスに何を言いふらされるかわかったものではないという恐怖心(?)もあるのだ。腰を引いて踊るのもおかしいし……。

特定のヘルプばかり贔屓《ひいき》する客のあしらい方

チームワークでテーブルを仕切る

「ミカちゃんて、可愛いよな」

三人連れの客が、顔を見合わせながらヘルプの一人を褒《ほ》めた。

「そうですかァ」

ミカちゃんは小首を傾げながらも、嬉しそうな笑顔。

ところが、同席する三人のヘルプは、ブスッとした顔つきになった。

(そうでしょうとも。どうせ、私たちは可愛くないわよ)

と、その顔に書いてある。あわてるのは、指名ホステスだ。フォローしないと、座がシラケて、逆に彼らをも不愉快にするかもしれない。

「あら、静香ちゃんも、美紀ちゃんも、佳子ちゃんもいいじゃないの」

と、三人をヨイショするフォローは、一流のホステス。このテーブルの指名ホステスで、クラブ『X』のナンバーワンでもある能里子さんは違う。

「なに言ってるのよ。ウチのコはみんな可愛いに決まってるじゃない。一人だけ褒めないでよね」

ヨイショではなく、諌《いさ》めたのである。

なぜか。当の能里子さんが言う。

「一人を褒めたばっかりに、そのコが浮いてしまうことがあるんです。女の嫉妬《しっと》は怖いから、場合によっては、〝つまはじき〟にされてしまう。だから褒めるのも、酒の肴《さかな》にするのも、話題が特定のヘルプに集中しないように仕切ることが大事ですね」

みんなを褒めるのではなく、一人、二人を突出させないこと。これがチームワークの基本であり、座を盛り上げるコツだと、能里子さんは言いながら、

「でも、ヘルプの中には、一人が褒められたら、すかさず〝同じ女に生まれながら、どうして神様は不公平なのかしら〟なんて、ジョークでフォロー《コ》するコもいます。明るく、気分よくしようとするプロ意識ですね。こんな機転のきく女は伸びます」

テーブルは職場なのだ。勝つか負けるか、いや稼ぐか否かの戦場なのだ。

それを知れば、客の言葉にフテたり、嫉妬したりすることが、いかに愚かなことか、わかるはずなのだが……。

遊び馴れた粋な客が店を育て、店がホステスを育てる

この客にして、このホステスあり

一流店が一流ホステスを育てるなら、一流店は誰が育てるか。

それは客である。

銀座クラブに限らず飲食店は、客が店を育て、店の格がプロを育てるのだ。

たとえば、寿司屋。一流店の板前が店をやめ、たとえば住宅街にある二～三流店に再就職したらどうなるか。腕は確実に落ちる。

なぜなら、一流店で上客に握って出すときは緊張感がある。ちょっとでも手を抜けば、たちまち客から手厳しい評価がくだる。だから手を抜かない。いや、抜けないのだ。

「オレは銀座〇〇寿司の板前だ」

というプライドは、そこからくる。会話のネタだって勉強して仕込んでくる。

ところが、住宅街、寂しい商店街の店はどうか。客筋はファミリーであり、酔っ払いである。

手を抜くとは言わないが、一流店で握るときの緊張感はもはやない。特上が二千円という店の客は、小うるさいことは言ってはくれない。かくして、包丁は錆《さ》びついていく。

銀座も、それと同じだ。遊び馴れた粋な客が店を育て、ホステスを育てるのだ。

「なんだい、そんな濃く作って。売上狙《ねら》いはみっともないよ。客が酔ってきたと思ったら、水割りは薄く作るもんだ」

銀座が銀座であるために、かつて紳士たちは、ときに毒舌を以《もっ》て新人教育をし、女性たちは磨かれて一流の階段を昇っていった。

だが、接待中心になって以後、そういう粋な客も少なくなってきた。ホステスもまた、口うるさい客はノーサンキューだ。人間関係の濃厚な交わりは、ウザッタイのである。

「現代っ子というんでしょうか、変なプライドだけはあっても、その名に恥じないだけの努力はしたがらないんですね」

古き良き時代の銀座を知る粋人は、そう言って嘆く。

だが、「この客にして、このホステスあり」という商売のセオリーから言えば、客が銀座ホステスの質の低下を嘆くのは、天にツバすることと同じだ。なぜなら、客もまた質が落ちたことを意味するからである。

いまや死語となった「文壇バー」

クラブの片隅で、初老の紳士が若い女のコを相手に、銀座の古き良き時代を話して聞かせている。

「ラ・モール、ゴードン、姫、エスポワール、眉、ラ・ドンナ……。銀座で一流クラブと言えば、文壇バーのことをも指したもんだ」

「ブンダン？」

何ですか、それ、という顔で、彼女が小首を傾《かし》げたので、紳士は、これまた首を小さく左右に振りながら黙ってしまった。

かつて銀座には、文壇バーと称される著名クラブがあり、有名作家と編集者や、芸術家などのサロンとして名を馳《は》せた。初老の紳士が名をあげたクラブは、銀座でも伝説となったある種、独特のクラブであり、これらの店が「銀座」というブランドを牽引《けんいん》していったのである。

だが、その文壇バーも、いまやすっかり鳴りをひそめてしまった。

「理由は二つあります」

と言うのは、小説雑誌の編集者だ。

「一つは、経営的な問題から、出版社が作家を誘って銀座でハデに飲めなくなったこと。もう一つは、これまで銀座に出入りすることが、一流であり、人気の作家や文化人としてのステータスでしたが、いまはそうではなくなってきたことですね。

実際、推理ものの若手売れっ子作家などは、遊ぶのは六本木です。モデルあがりの女のコも多く、彼女たちは尻も軽いし、スタイル抜群ですからね。連れて歩いても見栄えがするって言ってますよ」

そういった気鋭の作家や芸術家たちにとって、〝文壇バー〟という言葉は、もはや死語になったということのようである。

「おもしろいのが、直木賞などの受賞パーティーです」

と、今度は別のフリーの書籍プロデューサーが言う。

「だいたい六〜七店の銀座クラブから、一店あたり三〜四人のホステスが、パーティーの手伝いに来ます。もちろん二次会の客引きも目的なんですが。ところが出版社の連中も、以前のように、気軽に銀座には行けなくなっている。〝この作家なら、無理しても銀座で接待したい〟という狙《ねら》いめは、さっさと六本木とかに行ってしまう。ところが、それほどでもない作家に限って、会場をぐるぐるまわりながら、銀座に連れていってくれそうな編集者を探すんですね」

だが、出版社にしてみれば、そういう作家を銀座に招待しても意味がない。適当なことを言ってシカトしようとするわけだが、一方で、ホステスにもせがまれる。

「たまにはお願い」

と、手を合わされると、知らない仲じゃなし、

(しょうがねえなあ。たまには作家のお伴でもするか)

上司のお咎《とが》め覚悟で、そういった先生を連れていくことになるという。

かつて銀座には、「マスコミ価格」というのがあった。

三〜四割は安かった。

自社の雑誌に店やママを紹介したり、いい関係にあったものだ。

「だが、それも昔の話でね。いまは、むしろ高いくらいですよ」

と憤慨するのは、元週刊誌の編集長。

「パーティー会場で懇願されて部下が、作家ら六人ほどでそのクラブに行ったんですが、請求書がなんと十数万円。これまで考えられない額なんですよ。その直後、別の会合でそのママと会ったから、フザケんなって、怒鳴りつけました。苦しくなれば、〝仲間〟からもブッたくるのかと思うと、何だか寂しくなりましたけど。梶山（季之）さん、吉行（淳之介）さん時代が懐《なつ》かしいですよ」

作家や文化人、編集者にかわって、銀座は接待族の街になり、狂乱のバブル時代を謳歌《おうか》して、この平成大不況を迎える。

だが、それでも、しっかり稼ぐ女性はいる。

「私のお客さんさえ減らなければ、銀座に来るお客さんの数は、いくら減ったってかまわないじゃない」

というのは、平成不況時代でもナンバーワンの座を死守しつづける絵里子さんの言葉だ。

義理も人情もない、若い客たち

先ごろ、老舗《しにせ》の『G』が店を閉めた。

商社関係を中心とする社用族で繁盛してきた店だ。

それだけにホステスも頭のいい子をそろえていて、政治や経済に関しては、新聞に掲載された程度の話題であれば、自在に会話ができた。

ところが、この不景気。特に商社は厳しい冬の時代を迎え、主にそちら関係の接待で持ってきた『G』は何とか踏ん張ってきたが、奮闘むなしく、ここへ来て討ち死にとなった次第である。

「でもね」

と、ママが振り返る。

「私は不景気で潰《つぶ》れたとは思ってないの。若い社員たちの銀座離れ——これが本当の原因じゃないかしら。ウチのような老舗は、会社の先輩から後輩へと引き継いでいただきながら、これまで可愛がっていただいたんですが、もはやそういう時代じゃなくなったということなんですね」

たとえば、先輩が海外へ転勤するときなど、

「『G』を頼む」

と、後輩に引き継いでくれたものだ。

ところが、いまの若い人たちは、先輩の息のかかった銀座のクラブで飲むより、若手作家同様、心おきなく楽しめる六本木や麻布・広尾のバーなどへ行く。先輩の〝遺言〟だからといって、義理立てすることもなくなった。いろいろな失敗《ドジ》も見られているし……。さんざん世話になっておきながら、転勤すれば、ハイ、サヨナラなのである。

ドライというのか、彼らにとっては、義理も人情も軽きこと紙風船のごとし。銀座を世相の映し鏡とするなら、いまの世の中は、人間関係が希薄で、殺伐《さつばつ》とした時代になってきたということか。

時代に埋没するか、新たな魅力を創造していくか——。

銀座の、いやネオン街の正念場は、これからということなのである。

第6章

ここまで聞いた カネ・オトコ・ユメ

一石二鳥のセックスフレンドとは

売上を兼ねた疑似恋愛

意外なことに、アルバイトの女のコは、彼氏がいないコが多い。

昼間はOL、夜は終電にすべり込みという生活では、遊ぶヒマがないのだ。だからセックスもご無沙汰となる。

ところが、売上の女性は、昼間はたっぷり時間があるので、ちゃっかりしている人は、これはと思う客とラブホテルで〝ご休憩〟である（サービスタイム利用で割安)。

相手はどんなタイプの男性かと言うと、

一、店によく来てくれる人。

二、金払いのいい人。

三、信用がおける人。

要するに、

「この人とならヤってもいいわ」

と思う客とだけ、イタすわけである。

昼間の時間を使うので、職業としては、自由業や営業関係、あるいは会社でうんとエライ人など、自由に外出できる男性が多くなるが、そんな客といい関係で長続きできれば、セックスと売上と一石二鳥。この稼業も楽なものだ。不倫なんて関係ない。

ただし、あくまで打算的疑似恋愛で、ホレたハレたの関係ではないから、相手が束縛《そくばく》してきたり、会社が傾いたり、（ヤバそう）と感じたら、さっさと見限って、別の彼氏を見つけることになる。

こうしたお気楽な女性もいれば、「稼ぐ・上昇する」という目的のために、接客術を磨き、努力し、一流店のナンバーワンにのし上がっていく女性もいる。

銀座三千軒。働く女性もいろいろなのである。

ホステスになる動機は、「ブランド生活」

初任給三十万円の誘惑

「ブランド品を買うお金が欲しくて、アルバイトのつもりで始めたんだけど、お給料もらったら欲が出てきちゃって、やめられなくなったの」

と、街でスカウトされた三ヶ月前を振り返るのは、八丁目の高級クラブ『C』にヘルプで入った明菜ちゃんだ。脚のラインは、神田うの顔負け。

一日の保証が一万五千円。二十三日勤めて、税引き後の初月給の三十万円ちょっとを手にしたとき、人生が変わったという。それまでは手取り十三万円のOL。テイクアウト昼食だった毎日がバカバカしくて、もう昼間の仕事にはもどれない——そう思ったのだという。

明菜ちゃんに限らず、銀座に飛び込んでくる若い女性のほとんどが、

「モルジブ島へ潜りに行きたい！」

「オシャレなブランド物のバッグが欲しかったから」

「銀座の女」の素顔 —1
好きなブランドランキング

洋服

1. シャネル
2. クリスチャン ディオール
3. エルメス
4. ジョルジオ アルマーニ
5. クロエ、プラダ

バッグ

1. エルメス
2. ルイ・ヴィトン
3. シャネル
4. グッチ
5. クリスチャン ディオール

靴

1. グッチ
2. クリスチャン ディオール
3. エルメス
4. シャルル ジョルダン
5. 銀座かねまつ

時計

1. カルティエ
2. ブルガリ
3. ロレックス
4. ショパール
5. ピアジェ

アクセサリー

1. カルティエ
2. ブルガリ
3. シャネル
4. ティファニー
5. クリスチャン ディオール

と、異口同音《いくどうおん》に言う。

「ここが、昔と違うところですね」

と語るのは、スカウト歴三十年というT氏だ。

「私がスカウトになったころは、生活のためにこの世界に入ったという女性がたくさんいましたよ。乳飲み子を抱えて、とかね。ところが、いまのコは違う。生活のためなんて一人もいませんよ。遊びたい、オシャレをしたい、海外旅行に行きたい――ほとんどが、こんな動機です」

またT氏は、若い素人《しろうと》ホステスが増えた理由として、ブランド・ブティックが相次いで銀座に出店したことをあげる。これによって――たとえウィンドーショッピングであっても――若いベッピンが銀座に集まるようになり、彼女たちがスカウトされるのだという。

女子高生の援助交際でさえ驚かなくなったいま、水商売という仕事に対する偏見は急速に薄らいできている。しかも「銀座」という日本一のブランドだ。お金もたくさん稼げる……。若いコたちが、飛び込んでくるのも当然だろう。

「でも、私は勧めたくないな」

と、苦言を呈《てい》するのは、銀座歴二十年の売上の女性だ。

「みんな、ちょっとだけってアルバイト感覚で入ってくるんだけど、ある程度お金が稼げて、ハデな世界でしょう。抜け出せなくなっちゃうのよね。しかも、終着点がない世界。私なんか四十を過ぎて、これからどうしようかって……。だからフツーのお嬢さんは、銀座なんか覗《のぞ》かないで、さっさとお嫁さんにいったほうがいいと思うんだけど、若いうちはそれがわかんないものなのよね」

イルカを追いかけ、沖へ沖へと夢中になって泳いでいって、ふと振り返ったら、浜辺ははるか遠くに――そんな心境なのだと、彼女は気弱な笑顔で言った。

「彼氏兼金づる」を求めてアフターを持ちかける

「緊急ミーティング」という言い訳

アフターは、ホステスにとって重要なサービスだ。

客にしてみれば、店を離れた二人きりのプライベートタイムを持ちたくて、せっせと通ってくると言ってもいいだろう。

だから当然、

（あわよくば）

という期待は——程度の差はあれ——客にはある。

ホステスも、相手が上客で、しかも憎からず思っていれば、二つ返事でお付き合いをするのだろうが、

（アフターまではちょっと）

という程度の客であれば、態度は微妙になる。ムゲに断らず、さりとて首はタテには振れず——客との間合いを計りつつ、虚々実々の駆け引きをすることになる。

「ごめんなさい。今夜は帰りに友達と食事に行く約束があるの」

「残念だわ。これから緊急ミーティングがあるのよ」

そう言われると、客も、

「じゃ、今度にしようか」

不承不承ながらも納得である。

あるいは、

「友達と約束があるんだけど、三人一緒でかまわない？」

などという意地悪な手もある。

これではお金もかかるし、第一、口説《くど》けないから、アフターの意味がない。

「約束があるんだったらしょうがないな。またにしようか」

客は、白旗をあげることになる。

「でも昔の銀座女性は、プライドが高くて、アフターに付き合うなんてことは、ほとんどありませんでしたね」

と語るのは、老舗《しにせ》として知られる花椿通り沿いの『E』のママさんだ。

「たとえば、お客様と帰りに食事の約束をしても、平気ですっぽかしていました。マジメにとるほうが珍しかったですね。お客様も、ホステスとの約束は話半分。来なかったからといって怒るような野暮は、いませんでした」

ところが、いまの若い女のコには、銀座女性としてのプライドがなくなってきたと、このママさんは嘆くのである。

「帰りに誘われたら、待ってましたですものね。なかには、彼氏兼金づるを物色して、自分から誘うコも結構いるんですから」

美しい花は、手が届かぬ高嶺《たかね》に咲いてこそ、価値がある。凛《りん》として咲いているからこそ、羨望《せんぼう》されるのだ。

銀座ホステスがプライドを捨てれば、路傍《ろぼう》の野草と同じなのである。

女同士が火花を散らす「恐怖のミエ戦争」

同僚の洋服を一瞬にチェックする

五丁目の和風クラブ『Y』に勤める美香ちゃんは、OLからの転職組だ。

「おしゃれして、可愛いミニ・クーパーに乗りたかった」

という理由で、一部上場企業を一年であっさりとやめてしまうのだから、ファッションに対する女性の渇望《かつぼう》は、男性には理解し難いものがある。

「だって、会社の女子更衣室の雰囲気って、どんなだか知っています？　制服から私服に着替えるときは、OL同士の品評会。適当なことしゃべりながら、誰がどこのブランドを着ているかを、しっかりチェック。無関心を装いつつ、目から火花なんだから」

女のミエと言ってしまえばそれまでだが、女はそのために、生きもすれば死にもする。ローンなんかじゃ、追いつかない。とにかくお金が欲しい。かくして、最初はアルバイトで水商売に入り、そのままプロになるというケースがOLの場合は多く、美香ちゃんもその一人というわけである。

だが、ホステス同士の「品評会」がいかに、格段にすさまじいものか、美香ちゃんはたちまち思い知らされるのである。

夏も終わり、秋風が立ち始めると、本格的なおしゃれのシーズンを迎える。先輩のヒトミさんが、ベージュ色のシックなスーツを着てきたので、

「素敵ですね。おニューですか？」

美香ちゃんが訊《き》くと、

「違うのよォ。これ、もう五年も前のものなんだから」

と、顔をしかめて答えた。初めて見る洋服だったので、

（ヒトミさんは、ずいぶん衣装持ちなんだな）

と彼女は感心したのだが、このやりとりを素知らぬ顔で聞いていた売上の和子さんが、

あとで美香ちゃんに吐《は》き捨てるように言った。

「ミエ張っちゃって、何が五年前よ。おニューに決まってるじゃない。あんな洋服、着てきたことないもの」

この五年間、同僚がどんな洋服を着てきたか、ちゃんと覚えているのである。

「これには慄然《りつぜん》としましたね。女同士って、客のことより同僚に関心があって、服装や靴やバッグまで、しっかりチェックなんですから」

ホステス同士が飛ばすミエの火花たるや、ＯＬの比ではなく、降りかかる火の粉で大ヤケドということにもなりかねない。それも銀座なのである。

ステータスと昼の自由な時間が魅力

美容院代は月六万七千円

銀座の女性の魅力とは何だろうか。

確かに稼ぎは多いが、しかし楽ではない。

「労働と支出に比べたら、収入は少ないと思う」

と、不満をもらすコもいる。

それでも銀座ホステスを続けているのは、なぜか。

「昼間に自由な時間が取れることが、私には最高の魅力かな」

と語るのは、新宿から転入組のジュンちゃんだ。

「お買い物をしたあと、『銀座プランタン』近くのガラス張りのカフェで、忙しそうに歩く人を眺めながら、優雅にお茶をするの。このときが最高の気分ね」

もちろん、高収入と〝銀座というステータス〟の裏付けがあっての至福のひと時であることは言うまでもない。

では、昼間に「至福……」を過ごすという女性たちは、どんな一日を過ごしているのか。八丁目『J』のナンバーワンであるT子さんに語ってもらう。

まず起床は十二時。NHKのニュースに合わせて起き、今日のできごとをチェックする。一流企業の客が多いので、報道ネタは欠かせない。トーストに紅茶、ヨーグルトで朝食兼昼食をすませてから、洗濯など雑用。

午後二時から銀行へ行って、客からの入金チェック。一喜一憂したあとで、ショッピング。家の近くに行くときは、もちろん素顔《スッピン》。むしろ素顔ゆえに、仕事からの解放感があり、この時間が、「最高のひと時」である。

四時から客に〝来てねコール〟をかけ始める。会社に電話してつかまりやすいのは午前十一時～十二時、午後四時～五時だ。親しい客には携帯にかける。一段落したところで入浴。自慢の身体に磨きをかける。

五時、支度。六時半に銀座の美容院へ。銀座女性がよく利用する美容室は、たとえば『ロサ』『輝《かがやき》』『小林栄一美容室』など。カリスマ美容室もあるが、実質を重んじる彼女たちにはイマイチ人気がない。

料金は、セットが三千三百七十円（アップでもカールダウンでも同じ）。月に二十日として、締めて六万七千四百円也だが、一流クラブは、セット代を上乗せした額を保証（日給）として支払っているので、美容室へ行くのは義務となる。

午後八時、入店（同伴があれば、スケジュールは全体に前倒しになる）。十二時まで接客して、退店。客とアフターを付き合ったり、友人と食事をしたりして、帰宅は三時前後。このあと顧客台帳をつけたり、請求書を書いたりして、ベッドに潜り込むのは朝の五時半と

「銀座の女」の素顔－2

8丁目クラブ『J』・ナンバーワンのある日

12:00	起床、NHKのニュースをチェック （客と時事ネタの話題になることもあるので、毎日欠かさない） 食事、雑用
14:00	銀行で入金のチェックをして一喜一憂、買い物 銀座のカフェでお茶
16:00	客へ「来てねコール」 入浴
17:00	支度
18:30	美容室ロサへ（同伴があれば早まる）
20:00	出店（同伴の場合は20:30）
24:00	退店 アフター、友人と焼肉屋で食事
2:30	帰宅 顧客台帳、請求書を作成、読書
5:30	就寝

よく利用する美容室

- ロサ
- 輝《かがやき》
- 小林栄一美容室

＊銀座にはカリスマ美容師の美容室もあるが、セットが下手なのでホステスは利用しない。

＊セット料金は、アップ、カールダウン、それぞれ約3,000円。1ヶ月の美容院代は、約67,000円。

なる。

銀座でお茶する「優雅なひと時」と聞けば、うらやましくなるが、これだけのハードスケジュールを連日こなすのかと思うと、それも半減といったところか。

店で客に、仕事がハードだと愚痴《ぐち》でもこぼされようものなら、

「あんただけじゃないのよ！」

思わず、怒鳴りつけたくもなってくるだろう。

貢《みつ》ぐ客には、とことんジラす

「誕生日プレゼント、何がいい？」

「高輪に素敵なマンションがあるんだけど」

「わかった。買ってやろう」

〝おねだり女〟のスゴ腕

バブル絶頂期、銀座クラブでは、こんな会話は珍しくなかった。初見の客にベンツをもらったなんて話もあった。いま振り返れば、まさに狂乱の時代。「スケベ成金《なりきん》」と「おねだりホステス」が、銀座を舞台に、化《ば》かし合いを演じたものだった。

女性たちの多くは、貢がれることに抵抗などない。

（こんなにプレゼントされて、申し訳ないわ。あとが怖い）

などという心理的負担は、まずないと思っていいだろう。

食事をご馳走《ちそう》になったり、プレゼントをもらうことが負担になるような女性は、端《はな》からホステスという職業についてはいない。接客とは、極論すれば、「触れなば落ちん」と客に〝勘違い〟をさせることなのだ。

だから客は店に通ってくる。

プレゼントもする。「女性」をも接待しちゃうのだ。

それを負担に感じたのでは、職業として矛盾《むじゅん》することになる。「くれるのは、そっちの勝手でしょ」――そう割り切るからこそ、ホステスが務まるわけである。

二〇〇二年、外務省の公金詐取容疑で逮捕された浅川元課長補佐と、松尾元室長の事件が世間を賑わしたが、この類《たぐ》いの横領事件の主役たちは、ほとんどが銀座ホステスに金品を貢いでいる。だが貢がれた当の女性たちは、そんなもの、返すわけがない。一人残らずシカト。まさに「そっちの勝手でしょ」というわけである。

しかも、スゴ腕の〝おねだり〟になると、金品を〝引く〟だけ引いて、なかなか客にヤラせない。

「何よ、あせっちゃって。あなたのイメージらしくないわ」

「もうちょっと待って。お金や物につられて、そういう関係になったなんて私、思われたくないの」

何だかんだ理由をつけて、スルリ、スルリと切り抜ける。

〝寝る〟のがイヤなのではない。ヤラせてしまえば、釣った魚に何とやらになってしまうからだ。ジラせば、プレゼント攻勢は、ずっと続くことにもなる。

そして、ぎりぎりまでジラしておいて、そろそろヤラせなくちゃまずいかな、と思い始めたころに、会社がパンクしたり、横領が発覚してお縄を頂戴《ちょうだい》したりということになり、

「あら私、関係ないわよ。ヘンなこと言わないでちょうだい」

シカトと相成るわけである。

プレゼントを買わせて感謝させるテクニック

質屋に流すツワモノも

客をカモろうとする〝おねだり〟は別としても、誕生日・開店日など、ホステスにプレゼントするのはこの世界、常識である。

ということは、つまり彼女たちは、もらい馴れしているということだ。

だから、贈り物をするのは難しく、それなりの工夫と誠意が必要になってくるわけだが、彼女たちが心から喜ぶプレゼント術を知っている客となると、これが意外と少ない。

せっかく金を遣いながら、イマイチ喜ばれないのが、

「このブランドなら喜ぶはずだ」

と勝手に思い込んで、アクセサリーやバッグ、時計など、一応の高級品を自分で選んで買ってくる客だ。

女性というもの、ブランドには好き嫌いがあるし、定番の物なら、銀座女性はたいてい持っている。男のネクタイと同じで、身につけるものは各々好みがある。

「わっ、ありがとう」

と、口では喜んでみせるが、そのまま質屋へ持っていく女《コ》も少なくないのである。

「だったら、一緒に行って選ばせてくれればいいのよ。同じお金をかけるなら、絶対そうすべきだと思う」

銀座歴二年という駆け出しの美幸ちゃんが言えば、新宿育ちの輝美ちゃんが、

「何か買ってもらって同伴しちゃえば、一石二鳥だもんね」

「ただし、肝心なことは」

と、ベテランの順子さんが引き取って、

「一緒に行ったときに、予算を聞いて、それより安い物にすること。これ、絶対よ。お客さんは見栄《みえ》があるから、〝そんなんじゃなく、こっちのほうにしろ〟って言うだろうけど、〝私はこれでじゅうぶんです〟と、控え目なところを見せるの。そうすると、彼、同伴、付き合ってくれるから」

しおらしさを見せて客を感激させ、同伴をゲットし、さらに末永く店に通ってもらう。これが銀座女性のテクニックなのだと、ベテランさんが経験談を披露する。

「だけど、プレゼントについちゃ、客だって考えるんだぜ」

「銀座の女」の素顔－3

年代別愛読誌

20代

1. JJ
2. CanCam
3. MORE
4. 美的

＊ファッション、化粧品、小物など、細かい情報が載っている雑誌が人気。好きな作家は、気楽に読める内田康夫や人情感漂う浅田次郎など。

30代

1. Domani
2. La Vie de 30ans（ラヴィドトランタン）
3. MORE
4. With

＊ファッション以外にも、健康・美容情報や女性の生き方などの読み物記事が充実している雑誌を選ぶ。好きな作家として名が多く挙がったのは、楡周平「自分とまったく違う世界観が楽しめる」、宮部みゆき「読み出したら止まらない」、林真理子「あの独特の表現が好き」。

40代

1. Domani
2. 25ans（ヴァンサンカン）
3. 週刊新潮
4. 週刊文春

＊40代で人気なのは、高級ブランド情報が早くて充実している雑誌。客の会話に合わせられるよう、おじさん雑誌も愛読。好きな作家は、柳美里「自分に置き換えてみて、考えさせられる」、桐野夏生「繊細で人間の脆さを感じさせる作風に共感」など。サライなども人気があった。意外！

と、ニヤリとするのは、銀座歴二十年という商社マンだ。

「オレのは、いつも出張土産。夕方、東京駅や羽田についたら、その足で店に行くんだ。疲れているのにわざわざ持ってきてくれた、ってことに感激するんだね。高い安いより、ここがポイント。しかも、お目当てのコが、一人暮らしなのか家族がいるのか、それに合わせてお土産を考えればベストさ」

先日、ハワイへ出張したが、忙しくてお土産を買うヒマがなかったため、この商社マンは数寄屋橋の洋品店で千九百円のビーチサンダルを買って持っていったのである。

「これ、ハワイのビーチサンダル」

「ええッ、わざわざハワイから！」

わずか数千円の投資で、彼女をいただくこともあると彼は豪語する（ウーム、やるねえ）。

敵もさるものである。

〝銀座の女〟の金銭感覚

洋服代に月三十万円

かつて銀座の女性たちに将来の夢を聞くと、

「オーナーママになること」

という答えが返ってきた。

本気でそう思っているのか、客の手前そう言っているのか、あるいは自分を偽っているのかはともかく、「店を持つこと」というのが夢の定番だった。

ところが最近は、その類いのことを口にするコが少なくなった。オーナーママは、ホステスのゴールではなくなってきたのだ。

「労多くして、益なし――。店なんて、持つもんじゃないわ、と思っているんですよ」

と、苦笑しつつ、若い女性たちに苦言を呈《てい》するのは、六丁目の和子ママさん。

「あのコたちは、その日が楽しければいいの。おいしいもの食べて、いい部屋に住んで、ブランド品を買って、海外旅行して、ついでに金持ちのパパでも見つければ万々歳だって思ってる」

目標がないから、努力して稼ごうとはしない。その点、新宿などにある中国系クラブの外国人女性たちと対照的だ。彼女たちは、日本にいる間に一銭でも多く貯めようと、必死で仕事をする。住むところは安アパートで共同生活。贅沢《ぜいたく》もしない。そして稼ぎまくり、二千万～三千万円という大金を貯めて帰っていくコも少なくないのである。

翻《ひるがえ》って、銀座のコはどうか。

「貯金？ あるわけないじゃない」

「無理よ」

こんな答えが、アッケラカンと異口同音に返ってくる。概して貯蓄とは無縁のようであるが、なかには、三十代前半で千二百万円以上しっかり貯め込んでいるコもいる。

銀座女性は、確かに収入はいい。手許《てもと》を通過していく金は、並のサラリーマンなど足下にもおよばないだろう。

しかし、生活がハデな分だけ金もかかる。ある超高級クラブでは着物着用が義務のため、一ヶ月に三十万円、衣装代を出費しているケースもある。売上金を立替するなど回転資金もいる。

「銀座の女」の素顔－4

彼女達の金銭感覚——家計簿公開

超高級クラブ勤務

月収130万円（手取り）34歳・独身　港区在住

家賃	18万円
光熱費・水道・ガス	3万円
衣装代	25〜30万円（店では自前の着物着用のため、出費がかさむ）
化粧品	7万円
美容院代	10万円
電話代	4万円
タクシー代	10万円
ヘルプへのおごり	12万円
客へのプレゼント	10万円

*貯金は1200万円。中元・歳暮には、客1人につき5千〜1万円の品を贈る。中元で総額40万円、歳暮で60万円を出費。マイカーは客のボルボを借用。

中級クラブ勤務

月収55万円（手取り）28歳・独身　板橋区在住

家賃	8万円
光熱費・水道・ガス	2万円
衣装代	5〜8万円
化粧品	3万円
美容院代	2万円
電話代	2万円
タクシー代	3万円
ヘルプへのおごり	5万円
客へのプレゼント	5万円

*貯金は500万円。中元・歳暮には、客1人につき3千〜5千円の品を贈る。中元で総額20万円、歳暮で30万円を出費。

客の入金が遅れれば、資金ショートすることだってあるだろう。

だが、そうかといって、彼女たちが銀行から運転資金を借りるなど、至難《しなん》のワザだ。

だから高利を承知で、モグリの街金融の餌食《えじき》になる。

《ホステス大歓迎！》

という惹句《じゃっく》に引かれて借りると、あとは〝雪だるま〟というわけである。

街金融にしてみれば、ホステスは日銭になるから取りっぱぐれがない。しかも、「銀座ホステス」というブランドには値がつく。客を取らせれば、たちまち回収というわけである。

知らん顔して、ソープでひと稼ぎ

金持ちパパを見つけて〝あがる〟手も

かつて――といっても、オイルショックのころだから、いまから三十年ほど前になるが、銀座ホステスがソープランドに大量に出まわって、週刊誌の話題になったことがある。

不景気で、客が相次いでパンク。売掛の〝上納金〟を店に納められず、ソープへ売り飛ばされたのである。

昭和四十九年（一九七四年）、中東からの原油供給がストップし、日本は経済パニックに陥った。電力不足のため街からはネオンが消え、各ビルのエレベーターは半数が強制休止。冷房費を節約すべしと、政府が音頭を取って、半袖にノーネクタイという〝省エネルック〟なるものまで登場したのである。

そういうご時世であれば、銀座ホステスにパンクする者が出てくるのは当然だろう。彼女たちは、泣きの涙でソープ嬢に身を堕《お》としていったのである。

「ところが、時代も変われば変わるもんですね」

と、溜《た》め息《いき》をつくのは、四十年という老舗《しにせ》の古参マネージャーだ。

「いまの若いコなんか、さっさと自分からひと稼ぎしにソープへ行くんだから。街金の借金返済がほとんどですよ。しかも、なに食わぬ顔で銀座にもどってくる。困ったもんです」

ソープは昔はトルコ風呂と言ったが、文字どおり、ひとっ風呂浴びに行ってくる感覚なのだと、この古参マネージャーは嘆く。

彼女たちがチャッカリしているのは、「銀座ホステス」というブランドが、いかに高く売れるかをちゃんと計算していることだ。だから〝銀座村〟にもどってくる。ソープ嬢になってしまえば、いくら稼ぎがよくても、それで行き止まり。「元ソープ嬢」では客に見下されるため、どこの水商売でも難しいだろうし、まして結婚など……。

ところが「元銀座ホステス」というブランドは違う。それこそソープであれ、地方のクラブであれ、羨望《せんぼう》を持って「高値」で引き取ってくれる。むろん結婚もＯＫだ。だから彼女たちは、ひとっ風呂浴びて、銀座村に帰ってくるというわけである。

かつてこの街には「特攻隊」と呼ばれる女性たちがいた。

セックス要員だ。

接待で、女を抱かせる必要が少なからずあるため、接待族には重宝な存在だった。

たが、ここ十数年というもの、「特攻隊」は死語になっていた。女子高生が、援助交際という名の売春をする時代だ。いまさら〝特攻隊〟に頼まなくても、平気で自爆する女性はたくさんいる。それに、銀座の女性が、セックス一つするのに〝特攻〟でもあるまい。

「銀座の女」の素顔－5

20～40代、50人の"懐《ふところ》"を調査

年収

1500万円以上	3人
1000万～1500万円	11人
800万～1000万円	11人
500万～800万円	15人
500万円以下 （借金有りを含む）	10人

貯金額

1500万円以上	4人
1000万～1500万円	12人
800万～1000万円	9人
500万～800万円	16人
300万～500万円	5人
300万円以下	4人

＊財布の中身は平均して2～3万円。
売上ホステス、ママになると5～10万円、クレジットカード2～3枚。

＊貯金の最大の理由は……
①持家（マンションが圧倒的）　②不時の出費に備えて
③（豪華客船などで）海外旅行　④結婚費用
⑤お茶漬屋的な和食店開業。意外なところでは海外へ移住というのも。

だから死語になったのである。

ところが、最近になって〝特攻隊〟が復活し、増えているのだと、前出の銀座四十年氏は言う。

「不景気だからですよ。アフターでメシ食うより、ヤラせて小遣いもらったほうがいいという発想なんですね」

女性がそうなら、客も「ならば」と考えて、

「店から、月にいくらもらってるんだ」

「五十万」

「じゃ、オレが五十万やるから、店をやめちゃえよ」

と、持ちかけてくる。お手当てが一ヶ月の飲み代より安ければ、店に通うより得だからだ。彼女にしても、一緒に暮らすわけでもなく、週に一～二度セックスのお相手をするだけで、一ヶ月分の給料と同額がもらえる。

「じゃ、お店なんか、やめちゃおう」

となるわけである。

客のこういうやり方を「あげる」と言うのだが、

「店にとっていちばん困るんですよ。客が来なくなるから売上はあがらない、女のコは引っ張っていっちゃうじゃ、商売あがったりですよ」

客もホステスも、〝銀座のモラル〟は地に落ちたと、古き良き時代を知る人たちは、嘆くのである。

「責任感」と「自己管理」は必要条件

ルーズな女に一流客はつかない

何となく気が乗らず、出勤したくない日がホステスにもあると言うと、世のサラリーマン諸氏は怪訝《けげん》な顔をする。

「仕事ったって、男相手に飲みながらバカ話するだけじゃないか」

遊んで金になる——この仕事には、そういうイメージがある。

だが、どんな世界も、それが仕事となると、楽じゃない。他人の機嫌を取りながら、飲んで、しゃべって、笑うというのは、ハタで見る以上に気疲れするものなのだ。サラリーマンが、決して嬉々として出勤しているわけではないのと同様、彼女たちもまた、我が身にムチを入れながら店に出ていくのである。

だから、仕事したくない日も、当然ある。

二日酔いの日など、ベッドから降りるのも、かったるい。お店を休むときは電話を入れなくてはならないことになっているが、マネージャーの不機嫌な声を聞くのかと思うと、気が重い。結局、電話をしそびれて、無断欠勤ということにもなる。

「こういう女《コ》は、ものになりませんな」

と言うのは、銀座歴二十年という並木通り・八丁目某クラブ店長だ。

「水商売の女性はルーズだと思われがちですが、そんなことはない。トップクラスの女性は責任感が強いですよ。そうでなきゃ、ハイクラスの顧客から信用を得ることはできないでしょう。それが店の規則であるなら、ウソの電話でも連絡を入れるようでなければダメ。ホステスもＯＬも、やるべきことをきちんとやれないようでは、ものにはなりません」

たとえ生活がルーズでも、売上さえあげていればいいだろうと考えるのは、銀座村を知らない素人《しろうと》の発想で、自己管理すらできないような女に、一流客のお相手などできるわけがないのである。

〝銀座の女〟が銀座をあがるとき

〝寿《ことぶき》退社〟から〝行方不明〟まで

サラリーマンに定年があるように、彼女たちも、いつかは銀座をあがるときがくる。

経営者《オーナー》として、銀座村で〝余生〟を送る女性はひと握りで、ほとんどが去っていく。〝寿退社〟という幸せなリタイアもあれば、昼間の仕事にもどって再出発するチャレンジ組もいる。身体を壊して去っていく女性もいる。挨拶《あいさつ》もなく、気がついたらいつの間にかいなくなっていたという行方不明者もいる。

「稼ぐ」という共通の目標を持ってこの街に飛び込み、修羅《しゅら》の世界を泳ぎ、そして、それぞれの人生を抱えて去っていくのである。

会社勤めが、経験と実績を積み上げることで出世する「足し算」の世界とするなら、銀座クラブは、若さと人生を削って稼ぐ「引き算」の世界ということになろうか。

だが、「引き算」の行き着く先がゼロだと考えるのは、人生を平面でしか見ない人間だ。銀座女性は、我が身を削ることで、「人脈」と「経験」という得難い財産を手にしていくのである。

「引き算」の結果が百点にもなれば、「足し算」の結果が零点《れいてん》にもなる。これが人生のアイロニーであり、おもしろいところだろう。

銀座をあがって保険外交員になり、培《つちか》った人脈を活《い》かして、企業ぐるみで保険を勧誘するなど、大成功している元ホステスも少なくない。

〝寿退社〟で家庭に入り、よき妻として、母として幸せな日々を送っている女性は、もっと多いだろう。

彼女たちは——あるいはそうと気づいてないかもしれないが——人間関係の機微において達人なのだ。そして、後の人生をも通じて、本当の意味で「稼げるホステス」とは、人間関係のプロであることを自覚している女性にほかならないのである。

「銀座の女」の素顔－6

将来の夢

独立を目指す女性は、やはり売上のかなり多いがんばり屋さんという印象が強い。意地と張りが心の支えとか。

「趣味はショッピングと食べ歩き。料理も好きで週末は腕を振るっている。自分でレストランを経営するのが夢」
（銀座の女歴8年・30歳）

「ハーブの家庭菜園に凝っている。将来は、ハーブを工夫して使った自然派の食べ物屋さんを開きたい」
（銀座の女歴15年・35歳）

「年に1度、南の島へ海外旅行するのが目下の楽しみ。貯金額は700万円。もっと貯めて、オーナーママになりたい」
（銀座の女歴5年・28歳）

「不規則な生活がたたって、年を感じるこのごろ。お客さんだった彼とそろそろ結婚して、銀座から足を洗いたい。平凡な主婦生活に今は憧れている」
（銀座の女歴8年・33歳）

「趣味の洋裁を活かして、自分の服を売るブティックを経営したい」
（銀座の女歴2年・32歳）

「昼間は演劇学校に通っている。ホステス稼業は生計のためと割り切っている。なんとしても女優になりたい」
（銀座の女歴 4 年・26歳）

向谷匡史

むかいだに ただし

1950年生まれ。広島県出身。週刊誌記者を経て、編集企画会社を主宰しながら執筆活動を続ける。『武道に学ぶ「必勝」の実戦心理術』『政治家の実践心理術』『ホストの実践心理術』（以上、KK ベストセラーズ)、『思いのまま他人を操る“攻め”の実戦心理術』（日本実業出版)、『ヤクザ式ビジネスの「土壇場」で心理戦に負けない技術』（情報センター出版局)、小説『野獣たちに死を』（廣済堂出版／文庫）など多数。日本空手道「昇空館」館長。

構成・編集／種田桂子（ISiS)
装丁・イラスト／西岡スノウ

本書は、2002年９月に祥伝社より刊行された単行本を加筆・修正し文庫化したものです。

一〇〇字書評

切り取り線

購買動機（新聞、雑誌名を記入するか、あるいは○をつけてください）	
□（　　　　　　　　　　　　）の広告を見て	
□（　　　　　　　　　　　　）の書評を見て	
□ 知人のすすめで	□ タイトルに惹かれて
□ カバーがよかったから	□ 内容が面白そうだから
□ 好きな作家だから	□ 好きな分野の本だから

●最近、最も感銘を受けた作品名をお書きください

●あなたのお好きな作家名をお書きください

●その他、ご要望がありましたらお書きください

住所	〒				
氏名		職業		年齢	
新刊情報等のパソコンメール配信を 希望する・しない	Eメール	※携帯には配信できません			

あなたにお願い

この本の感想を、編集部までお寄せいただけたらありがたく存じます。今後の企画の参考にさせていただきます。Eメールでも結構です。

いただいた「一〇〇字書評」は、新聞・雑誌等に紹介させていただくことがあります。その場合はお礼として特製図書カードを差し上げます。

前ページの原稿用紙に書評をお書きの上、切り取り、左記までお送り下さい。宛先の住所は不要です。

なお、ご記入いただいたお名前、ご住所等は、書評紹介の事前了解、謝礼のお届けのためだけに利用し、そのほかの目的のために利用することはありません。

〒一〇一‐八七〇一
祥伝社黄金文庫編集長　吉田浩行
☎〇三（三二六五）二〇八四
ohgon@shodensha.co.jp

祥伝社ホームページの「ブックレビュー」からも、書けるようになりました。
http://www.shodensha.co.jp/bookreview/

祥伝社黄金文庫

祥伝社黄金文庫　創刊のことば

「小さくとも輝く知性」――祥伝社黄金文庫はいつの時代にあっても、きらりと光る個性を主張していきます。

真に人間的な価値とは何か、を求めるノン・ブックシリーズの子どもとしてスタートした祥伝社文庫ノンフィクションは、創刊15年を機に、祥伝社黄金文庫として新たな出発をいたします。「豊かで深い知恵と勇気」「大いなる人生の楽しみ」を追求するのが新シリーズの目的です。小さい身なりでも堂々と前進していきます。

黄金文庫をご愛読いただき、ご意見ご希望を編集部までお寄せくださいますよう、お願いいたします。

平成12年(2000年)2月1日　　　祥伝社黄金文庫　編集部

銀《ぎん》座《ざ》バイブル　ナンバーワンホステスはどこに目《め》をつけるのか

平成17年2月20日　初版第1刷発行
平成22年1月25日　　　第4刷発行

著　者　向《むかい》谷《だに》匡《ただ》史《し》
発行者　竹内和芳
発行所　祥《しょう》伝《でん》社《しゃ》
東京都千代田区神田神保町3-6-5
九段尚学ビル　〒101-8701
☎03(3265)2081(販売部)
☎03(3265)2080(編集部)
☎03(3265)3622(業務部)
印刷所　錦明印刷
製本所　ナショナル製本

ISBN4-396-31373-X C0195

祥伝社のホームページ・http://www.shodensha.co.jp/